Gabriela CĂLUȚIU - SONNENBERG

VINE SENINUL

1

Descrierea CIP a Bibliotecii Naționale a României

Căluțiu – Sonnenberg Gabriela
VINE SENINUL / Gabriela Căluțiu – Sonnenberg
Editura ANAMAROL, București, 2007
ISBN : (10) 973-8931-26-6
ISBN : (13) 978-973-8931-26-8
821.135.1-1
----

părinţilor mei

Motto: « *Gândesc destul de anevoios,*
dar fără întrerupere. »
John Franklin
explorator la Polul Nord

Cuvânt înainte

În copilărie auzeam adesea expresia „vin norii". Pe atunci mi se părea logic ca norii să plece cu aceeaşi naturaleţe cu care veneau – eu fiind încă din pruncie destul de optimistă din fire. Şi cum nimic altceva decât cerul albastru şi curat le poate urma, nici una nici două, mi-a şi ieşit porumbelul pe gură: „vine seninul!" De parcă seninul al fi ceva compact şi material, pe care poţi pune mâna ca pe o gutuie, ca să-l muţi mai încolo!

Gândirea mea simplă şi pozitivă, de copil fără griji, a provocat la vremea aceea amuzamentul familiei. Mai în glumă, mai în serios, vorba asta tonică m-a însoţit peste ani, ca un fel de motto al paharului pe jumătate plin. Nimic mai plăcut decât gândul că poate şi astăzi, la auzul veştii că mă apropii, cineva poate exclama şugubeţ, oftând şăgalnic, dar nu fără curiozitate: „vine seninul!" Şi poate că totuşi, nimic nu s-a schimbat...

Mulţumesc tuturor celor care m-au sprijinit şi încurajat să scriu această carte, îndeosebi familiei şi prietenilor care mă citesc cu regularitate: inimoasei Doamne Elena Buică pentru prietenia noastră trainică şi pentru încrederea neştirbită în talentul meu; fiicei ei, Andaluza, precum şi colectivului de la Cenaclul Observatorul din Toronto, condus de Domnul Director Puiu Popescu, pentru sprijinul acordat şi curajul insuflat; editoarei mele, Doamna Rodica Elena Lupu, cea care m-a îndrumat în redactarea cărţii cu profesionalism şi cu prietenie caldă şi căreia îi datorăm faptul că volumul de faţă se află acum în mâinile Dumneavoastră, apreciaţi cititori.

Rămân îndatorată soţului meu pentru răbdarea şi tactul cu care m-a sprijinit în traversarea fazelor emoţionale inerente de pe parcursul finalizării acestui proiect.

Gabriela CĂLUŢIU – SONNENBERG

5

„Ceea ce avea el de spus
se exprima perfect prin tăcere"
Sten Nadolny -
„Descoperirea încetinelii"

TĂCEREA LA DUBLU

"Spune şi tu, soro, nu e strigător la cer să coste benzina la fel ca-n vest, la salariile mici care sunt aici?!" – te răţoieşti din poziţia celui care le vede pe toate "de sus", adică îi dă mâna, la salariul lui civilizat din vest, să-şi dea cu părerea competent pe o temă care-l doare pe românul de rând. Împuşti mai mulţi iepuri dintr-o lovitură, ba chiar te simţi un pic ca Robin Hood, apărător al amărâţilor şi împărţitor de dreptate. Chiar dacă un poţi schimba situaţia, măcar te faci simpatic, uzând perspicace şi oportunist situaţia vădit nedreaptă.

Mai dai şi bine în cadru, căci faci impresie de independenţă celor dragi, care, iubindu-te, se consolează cu gândul că măcar tu, vlăstarul tânăr, eşti deasupra situaţiei şi ai reuşit să i te sustragi, lăsând-o în plata Domnului. Al doilea iepure împuşcat „prin atingere", cum s-ar zice, aşa în marea trecere, e că le distragi atenţia de la alte necazuri posibile, mult mai periculoase, cele pe care doar bunica, da, numai ea, cu serenitatea proprie celor aflaţi în pragul sutei de ani, nu se teme să le pună incomod în discuţie: „tu eşti fericit?"...

Ieşi pe uşă, nu dai bine colţul şi te trezeşti dădăcit la casa alimentarei, că n-ai fost în stare să declari sticlele goale pentru schimb contra marfă, când ai intrat în magazin. Schimbi placa, nu mai faci pe suveranul ci te mulezi în rolul copilului docil, şi înghiţi în sec. Taximetristului obosit îi zâmbeşti cuceritor peste

7

umăr, chiar dacă deteşti genul frivol. Faci asta doar ca să accepte o rută mai scurtă.

Te trezeşti după trei ore de conversaţie cu prietena de suflet că, de fapt, n-ai spus nimic din cele pe care de luni de zile le „salvaseşi" în memorie pentru deliciul clipelor ca astea şi constaţi că de fapt nimicurile cotidiene sunt atât de puternice încât absorb toată capacitatea de discuţie disponibilă.

Abia în avionul de întoarcere realizezi că iar ai fost acasă, de parcă n-ai fi fost, şi ţi-e ciudă că n-ai urmat îndemnul bunicii, care se plânge-ntr-una că „iar pleci şi n-am grăit nimica". Ciudat doar cât de uscată se simte limba în gură de la atâta neschimbare de opinii. Căci cu impresii cu adevărat importante se pare că nu te-ai ales. De ce oare te simţi brusc atât de obosit?!

Cât de străină de realitate e idila înaripată pe care o visăm cu ochii minţii când anticipăm revederea cu cei dragi! În loc de schimburi inspirate de replici şi vorbe de duh, cheltuim enorm timp şi energie cu pusul şi cu adunatul mesei, cu remarcile critice la adresa schimbărilor aspectului sau apucăturilor reciproce, şi încercăm uneori forţat să insuflăm un avânt modern, occidental şi eficient vieţii – hai să recunoaştem – nu tocmai simple din patria mumă. Ai noştri, la rândul lor, încearcă disperaţi să trezească în noi pasiuni uitate, pentru valori care ne entuziasmau pe vremuri (muzica folk, clubul Dinamo...) sau înţelegere pentru situaţii mai greu de acceptat („eu nu mă duc la Primarie sa fac plângere că nu repară ţeava spartă!"). Atât noi, cât şi ei căutăm punctul de întâlnire undeva la mijloc, pe planul harului şi „sentimentului de doină" („vezi, rândunelele se duc...").

E firesc să iasă scântei din loc în loc, când viziuni atât de diferite încearcă să împace şi capra şi varza, de dragul armoniei familiale. Spaimele pândesc la tot pasul, oricât ne-am strădui să fim toleranţi cu cele vechi sau deschişi celor noi. Iar concediul e dureros de scurt, mult prea scurt, de fiecare dată.

Te uiţi din avion cum dispare relieful domol arcuit al Munţilor Apuseni sub picioarele tale şi te apucă regretul pentru scurta altercaţie avută cu mama din te miri ce. Zâmbeşti apoi pe jumătate împăcat, amintindu-ţi cum a împărţit tata dreptatea, clasificând scena sub mottoul "asistăm la nepotrivire de caracter". Şi iar te întrebi dacă nu cumva ai mers prea departe, sau poate, dimpotrivă, ai fost prea laş, rezumându-te doar la stratul superficial.

Dacă ai noroc şi calculator, poate vei afla întâmplător cândva, într-unul din mesajele viitoare, că „atingerea" sufletului totuşi s-a produs, probabil într-un moment complet aleator, în mijlocul unei conversaţii insipide, pe o temă deloc importantă, ca de exemplu cea cu benzina. Delicatul schimb de „fluid emoţional", îşi va fi găsit calea într-un fulger momentan de percepţie instantanee, nu datorită, ci în ciuda încercărilor disperate de a comunica prin cuvinte, în contra curentului unui subiect absolut perpendicular cu situaţia. E suficientă o străfulgerare, şi omul din faţa ta, la care ţii mult şi pe care-l preţuieşti de-o viaţă, devine parcă transparent. Ţi se pare atunci că-l înţelegi şi-l cunoşti mai bine decât te ştii pe tine însuţi. Răspunzi repede ceva acolo la nimereală, pe tema insipidă aflată-n discuţie („e scump şi gazul, fire-ar el al naibii!") şi întorci capul, în aşa fel încât să nu se observe că ţi-au dat lacrimile de emoţie. Mai mult ca sigur că persoana iubită „te citeşte" instantaneu la fel de bine ca tu pe ea şi-ţi interpretează corect stânjeneala, dar îţi lasă cu eleganţă iluzia că te-ai avea sub control. Aşa arată clipele cu adevărat duioase pe care le depozităm, uneori chiar fără să fim conştienţi de ele, în străfundul sufletului nostru şi care ne dau putere din „off", când e să trecem probe grele sau când ne simţim însinguraţi. Nu efuziuni de cinema, nu îmbrăţişări teatrale, nici declaraţii pentru eternitate!

Începând cu sfârşitul, din clipa în care iar pleci, conversezi cu ei în minte luni şi ani de-a rândul, ei care-ţi sunt dragi, familie sau prieteni aflaţi departe. Uneori ţi se pare că le auzi replica şi intuieşti parcă ce-ar spune în diverse circumstanţe. De fapt ştii bine că, şi de-ar fi de faţă, e puţin probabil ca lucrurile să decurgă aşa de armonios cum ţi le imaginezi tu. Dar îţi prinde bine iluzia, mai ales când te simţi singur sau neînţeles. Îţi spui atunci că toată zbaterea nu e decât o jucare de rol secundar pentru că – nu-i aşa? – scenariul major se scrie în spatele cortinei închise, acolo unde spectatorii sunt ei, cei care înţeleg umorul tău subtil, vibraţia de diapazon a spiritului tău de fluture rănit, mă rog, chiar şi lucruri pe care nici măcar tu nu le înţelegi prea bine la tine.

De când cu poşta electronică, iluzia apropierii e şi mai tentantă, cuvintele scrise alunecă mai uşor din vârful degetelor decât de pe vârful buzelor, la telefon. Oricât de bine te-ar cunoaşte adresantul, nu mai poate percepe în tonul tremurat al vocii o neregulă, o minciună nevinovată sau o omisiune voită, menită să-l menajeze. Când scrii un mesaj, ai timp să-l perii, să-l corectezi, să-l cureţi şi să-l înfrumuseţezi după pofta inimii. Nu mai contează dacă „n-ai replică în glas"; prin apăsare de buton, cu o tastatură sprintenă, poţi proiecta în mintea interlocutorului imaginea ta modificată, aşa cum intuieşti tu că te-ar dori el să fii. Fostei colege de liceu îi serveşti versiunea ta tinerească, cu lecturi la modă şi cu melodii preferate; pentru familie eşti firea practică, eficace şi robustă, cea „dintotdeauna"; pentru prietena vârstnică eşti ştiurlubatica visătoare cu capul în nori; pentru foştii colegi de birou te prezinţi aventurieră şi iubitoare de risc, în timp ce fostului partener de dansuri populare de la „Casa Pionierilor" îi serveşti spaimele subtile faţă de regimul totalitar, adânc înrădăcinate în subconştient. Culmea e că nici măcar nu trebuie să faci un efort ca să umpli toate rolurile astea, tot tu eşti în dosul fiecărui personaj, fără minciună.

Paradoxal e faptul că atât de impersonalul instrument dotat cu tastatură reuşeşte să ne stoarcă mărturisiri mai sincere şi mai profunde decât cele pe care am fi dispuşi să le spunem direct, prin viu grai. Aşa cum oraşul metropolitan ne ajută să ne găsim pe noi înşine, topindu-ne în masa informă de oameni care nu stau să ne observe la fiecare pas, la fel avalanşa de cuvinte scrise ne obligă să renunţăm la „informaţia de umplutură", gen preţul actual al cartofilor pe piaţă sau starea vremii, şi ne obligă să nu mai dăm târcoale esenţialului. Nu-i de mirare că un litru de cerneală de imprimantă Hewlett Packard costă mai mult decât un litru de parfum Chanel No.5.

Frumoase sunt toate, mai ales cuvintele pe care uneori nu avem curajul să le spunem răspicat, volatile ca parfumul fin sau ca un moment de inspirație în fața unui om cu care, mai că te-ai încumeta chiar și să taci la dublu. Prieten.

„Caracterul tău: ceea ce eşti
când nu te vede nimeni."
Dwight L. Moody

CARE EŞTI?

De ce oare avem tendinţa să ne clasificăm semenii în diferite categorii? Ori de câte ori pomenim pe cineva, mai devreme sau mai târziu apare inevitabil o clasificare de genul „e dintre aceia care ştiu ce vor", sau: „un visător incurabil, ce să mai vorbim!" Un cunoscut mi se plângea deunăzi că, „atunci când gătesc, femeile nu folosesc căldura remanentă a plăcilor ceramice"; altul susţinea că nu-i plac femeile care nu spală cu atenţie resturile acumulate dintre dinţii furculiţelor. Primul e din tabăra „radicalilor", adică a celor care le bagă pe toate într-o oală: „femeile sunt aşa". Al doilea e la un pas mai avansat, cum s-ar zice din tabăra „alba/neagra". Pentru el, femeile se împart in două categorii: cele care spală bine furculiţele şi cele care nu acordă suficient elan acestei ocupaţii.

Şi uite aşa, ca-ntr-o joacă, am împărţit si eu bărbaţii în două categorii: cei care generalizează la nivel înalt şi cei care disting între două feluri de femei. Am vrut să categorisesc sau mi-a ieşit aşa doar întâmplător pe gură platitudinea asta? Cert este că gândim în categorii, că vrem sau nu, asta e o altă poveste. Ne-a fost pus în faşă, sau mai bine zis am fost învăţaţi la şcoală să clasificăm, şi cu asta basta. Numai aşa, simplificând, putem străbate hăţişul complicat al junglei umane. Fără mari dureri de cap.

Prietena mea cea mai bună susținea acum 15 ani că „oamenii cu degete groase au caractere neșlefuite". O fostă profesoară de-a mea era convinsă că „o damă adevarată nu poartă niciodată părul scurt" și că „n-are voie în nici un caz să se grăbească, atunci când merge pe stradă". Inutil să menționez că, de când mă știu, am părul scurt și obișnuiesc să fiu mereu grăbită, natura m-a înzestrat cu degete cam scurte, chiar dacă spăl cu mare meticulozitate furculițele și folosesc pe cât posibil economic placa ceramică din bucătărie. Cu toate astea, ori de câte ori mă grăbesc pe stradă sau merg la coafor, mă străfulgeră amintirea afirmațiilor de mai sus și mă întreb inevitabil dacă sunt „așa" sau mai degrabă „altfel".

Nu întâmplător, prima întrebare care ni se pune când e să începem o conversație sau un interviu este „puteți să vă prezentați pe scurt?". De parcă contează ce și cum credem noi că suntem! În fine, e explicabil că lumea vrea să știe cu cine are de-a face. Dar până unde merge subiectivismul în materie de cunoaștere de sine? Mi s-au întipărit în memorie afirmații absurde din diverse conversații stupide purtate peste ani, afirmații pe care probabil că nimeni dintre cei care le-au lansat nu și le mai amintesc. Ele continuă să sfideze timpul si să mă sâcâie în cele mai neașteptate momente, când se întâmplă să apară analogii.

Căutând să ne cunoaștem mai bine pe noi înșine, aplecăm urechea la părerea celor din jur despre noi și ajungem să nu mai înțelegem nimic. Pentru un fost coleg de liceu sunt „o fire influențabilă, mereu tenatată să cred orice și pe oricine" în timp ce colega mea de cameră mă califică drept „fire calculată și minuțios disciplinată, capabilă să urmeze cu încăpățânare țelurile proprii, fără a ține cont de eventualele răniri ale celor apropiați". Niște amici de familie mă consideră „total lipsită de simțul umorului" în timp ce o corespondentă de email mă somează să „încetez cu mesajele glumețe și să mă axez pe seriozitatea vieții".

Păi dacă e s-o luam așa, pentru a ne simplifica viața am putea concepe un fel de chestionar-grilă în care să însemnăm cu cruciuliţă tot ce defineşte un om! În acest mod simplu am avea întotdeauna la îndemână definiţia esenţei lui, aşa cum Onassis avea mereu carneţelul lui cu notiţe despre apucăturile bizare ale persoanelor cu care făcea cunoştinţă. După părerea lui, succesul l-a datorat în mare parte însemnărilor făcute acolo.

Spre exemplu: distinsul parlamentar X preferă mâncărurile condimentate, are o slăbiciune pentru femei blonde, începe majoritatea propoziţiilor cu cuvântul „deci", foloseşte hârtia igienică împăturită în patru, purcedând din partea posterioară, cântă sub duş şi uzează pantofii preponderent la călcâie. Bizar cum reuşeşte să convieţuiască într-o căsnicie paşnică alături de Marea Doamnă a Operei, o brunetă focoasă care e oripilată de lălăiala din baie, se alimentează numai cu legume fierte şi detestă politica. Să fie oare secretara din minister cea care stabileşte echilibrul, o duduie blondă cu apucături materne, care nu uită niciodată să schimbe sulul de hârtie igienică şi-l atârnă mereu cu desfăşurătorul spre perete, aşa cum preferă Excelenţa Sa?

Ei bine, nu! Refuz să cred că putem fi atât de lineari şi previzibili precum ne învaţă analiza tradiţională după criterii fixe! Îmi place să cred că mă construiesc mereu de la zero în fiecare dimineaţă când mă trezesc din somn, ca o coală albă de hârtie, încă nescrisă. Sunt zile în care mă caligrafiez prost, cu mână tremurândă, nu ştiu exact ce vreau să spun cu mine. Uneori îmi vine greu să decid dacă pun un semn de întrebare sau mai degrabă puncte de suspensie la sfârşit, înainte de a ma reda istovită somnului, seara. Dar am şi alte zile, când mă încep de la coadă la cap, precum o scriere arabă, iar ţelul propriu-zis îl ating în ultima clipă, seara, când scriu cu voluptate în primul colţ din stânga sus a paginii cuvântul de început cu literă mare şi plasez centrat, deasupra, titlul plin de tâlc în care concentrez miracolul zilei pe care o am fost.

Şi dacă se întâmplă ca într-o zi sau alta să fim placizi şi paşnici iar în următoarea revoltaţi, chiar furibunzi, ca un adevărat vârtej viu, nu văd de ce să ne speriem de contradicţia dintre rolul pe care pasămite „ne-a fost dat" să-l întruchipăm şi omul care se întâmplă momentan să-l fim. Câtă vreme ne dăm osteneala să urmăm imboldul de a fi ceea ce ne dorim, nu văd de ce să ne facem griji. Cu siguranţă, dovada faptului că nu ne-am înşelat (pe noi înşine, mai ales) nu va întârzia să apară în proba incontestabilă a unui somn fără coşmare, eventual cu un „premiu de fidelitate" sub forma unui vis frumos. În acest sens, acum, în prag de An Nou, dacă mă întreabă cineva ce-mi doresc de la anul care vine, răspund senină fără şovăire: „îmi doresc vise frumoase, în fiecare zi! Asemeni!"

„Semnele indicatoare pot transforma un
drum de ţară într-un labirint"
Stanislaw Jerzy Lec, scriitor polonez

POLONEZIA

În octombrie am fost în Polonia, împreună cu alţi vreo 1000 de vorbitori de germană care s-au întrunit într-o staţiune montană, într-un hotel nemaipomenit de bine dotat, unde am fost trataţi cu mare profesionalism, ca nişte oaspeţi de seamă, cu ocazia Campionatului European de Skat (un joc de cărţi răspândit printre germanii din lumea întreagă). Fiind pe post de persoană însoţitoare, am profitat de timpul liber şi l-am transformat într-un miniconcediu.

A fost un relaş binevenit, pe o vreme de superbă toamnă aurie. Ţara n-a avut nimic spectaculos sau exotic, exceptând poate cele câteva aventuri tipice pentru "naţiile din răsărit" (simţul umorului atrofiat, conform tradiţionalului „bă, tu faci mişto de mine", mici lapsusuri la organizare, punctualitate şchiopătândă, spontaneitate slabă, flexibilitate nexam – deci cam ca la noi).

De când cu rănile lăsate dupa cel de-al doilea Război Mondial, polonezii au un ciudat comportament dual faţă de nemţi. Pe de-o parte încearcă sa-i trateze bine, ca să le câştige sufletele şi - de ce nu – să se molipsească de bunăstarea lor, de bine ce s-au trezit unşi fraţi întru Uniune Europeană. Pe de altă parte, se încăpăţânează să nu le înveţe limba (asta nu e o problemă, problema e că nu vorbesc nici engleza, nici franceza,

16

nimic cu care să te poţi orienta măcar cât de cât, decât rusa, iar eu niet...) şi adesea se fac ca plouă, chiar dacă ştiu exact ce vrei.

Aşa se face că, după două excursii organizate de o agenţie de voiaj "specializată", am renunţat la oferta lor pentru timpul liber, m-am lăsat păgubaşă de vizite şi am profitat pe cont propriu de staţiunea mică dar cochetă, de natura neatinsă a împrejurimilor şi de dotările din baza termală de tratament din incinta fastuosului hotelul, peste standardul obişnuit. Excursiile au avut, fără îndoială, farmecul lor nostalgic, mai ales pentru că mi-au amintit de România. Cu deosebirea că picanteriile şi tot ce nu s-a "rimat" nu m-au atins personal şi nu m-au făcut să mă simt lezată în mândria mea patriotică, cum mi s-ar fi întâmplat dacă aş fi fost acasă, în România. Am putut menţine distanţa, contemplând amuzată unele "pane", râzându-mi în barba, căci, iată uneori mai moare şi capra vecinului - deşi nu se cade să te bucuri de necazul altuia...

Câteva exemple:

Deşi era suficient de cald, plimbarea cu telescaunul n-a avut loc, din simplul motiv că instalaţia nu funcţionează în această perioadă a anului (organizatorii nu s-au informat la faţa locului).

Ghida pentru excursia pe poteci montane avea o fustă neagră, elegantă, lungă până la pământ şi circula pe pantofi cu toc cui, care îi dădeau de furcă pe pietriş, sub privirile mirate ale doamnelor din Germania, firi practice cu elan heirupist. Fardată cu mare grijă, ghida făcea evident notă discordantă cu masa omogenă de nemţoaice fără complexe, încălţate toate parcă de la acelaşi magazin, cu sneakerşi comozi, blugi, majoritatea în cămaşă, vestă matlasată şi jachetă din stofă înalt tehnologizată, cu ventilaţie. Mă înscriu şi eu la categoria asta, chiar dacă nu ştiu dacă să mă bucur că am lepădat romanticul stil feminin, din păcate nepractic, care mai rezistă încă în estul Europei, trezind ocazional nostalgii şi viziuni materne la occidentali (ca fustele mamelor lor, când erau ei mici).

Pauza de "cafea şi prăjitură", care în Germania are un statut aproape mistic, concurat poate doar de clasicul "five a clock" al englezilor, a fost înţeleasă greşit de gazde; s-a amenajat catastrofal şi fără pic de suflet o masă lungă în holul rece al cabinei de telescaun, unde s-au servit doar napolitane, mere şi cafea solubilă. Rumoarea a fost pe măsură şi i-a lovit pe organizatori ca un trăznet, ei crezând că de fapt dau tot ce au mai bun (cât de valoros era un „Ness" pe vremuri!....). De unde să ştie bieţii de ei cum să recunoască sfinţenia momentului?! Nici eu n-am avut habar până n-am trăit printre nemţi!

Pentru mine, în orice caz, iniţiativa a fost un succes: merele mici şi cu pulpă roz sub coajă, viermănoase dar gustoase, cum nu cunosc decât de la livada noastră de lângă Olt, au fost un cadou ceresc. Mi-am umplut buzunarele şi-am tăcut chitic.

Deşi se ştia că nu vom încăpea toţi într-un autobuz, au "uitat" să comande un al doilea, asa că o parte dintre noi am călătorit înghesuiţi în "maşina mică" (mică rău) a unuia dintre ghizi, respectiv într-o furgonetă care aproviziona hotelul.

Din trei "ghizi", doar unul înţelegea puţin germana, un tip gras, cu mustaţă, care într-una aproba din cap şi zâmbea, dar nu prea ştia să răspundă. La Cracovia ne-a citit dintr-o carte, dar, din cauza accentului imposibil, nimeni n-a înţeles ce zicea. Noroc că ne cumpăraserăm noi ghiduri, aşa că am putut vizita pe cont propriu oraşul.

Călătoria promisă de 8 ore a durat 12, din cauza celor 120 de kilometri care ne despărţeau de Cracovia. Şoseaua s-a dovedit a fi practic pavată cu maşini avariate, defecte şi gropi, circulaţie foarte multă şi udă de la o ploaie statornică. Descrierea e valabilă, fireşte, nu doar pentru banda de dus, ci şi pentru cea de întors... Başca la întoarcere am luat-o pe rută ocolită, printr-un oraş la vreo 50 de kilometri, ca să-l ducem acasă pe unul dintre ghizi, cel care nu mai avea cu ce să se întoarcă, pentru că maşina lui personală era ocupată acum cu noi, şi conducea fiică-sa. Simplu nu? Cine-a zis: „ca la noi, la nimeni"?

Excursia peste graniţă, în Cehia, la o renumită staţiune balneoclimaterică, s-a dovedit a fi o farsă, întrucât am fost duşi într-o altă staţiune din apropiere, mai mică. Culmea e că nimeni n-ar fi băgat de seamă diferenţa, dacă n-am fi avut o doamnă cu noi care a facut scandal, recunoscând locurile pe care le vizitase nu demult, când a vrut să vadă de unde s-au expatriat părinţii ei în timpul celui de-al doilea Război Mondial.

Micul dejun şi cina s-au dovedit a fi adevărate festinuri gurmandistice, cu feluri de mâncare de toate soiurile. Câteva dintre ele, îndeosebi măruntaiele, care nu se prea caută în occident, mi-erau familiare din România; nu le mai văzusem de multă vreme, aşa că le-am onorat cum se cuvine. Pentru combaterea conştiinţei încărcate, am folosit zilnic câte 3 până la 8 ore sala de gimnastică, piscina cu valuri şi bazinele de masaj plus saunele cu parfumuri din ierburi tămăduitoare. Masa de amiază am omis-o, aşa că mi-a reuşit incredibilul şpagat de a mă menţine la dimensiuni constante. În acelaşi timp, pot să mă laud că, după zece zile, am gustat aproape din toate felurile de mâncare. Zic aproape, pentru că, din păcate, de la o zi la alta se mai şi schimba repertoriul culinar cu reţete noi, demne de orice atenţie trează. Concluzia: în Polonia se mănâncă bine şi enorm, fără pudoare falsă. Halal!

În rest, polonezii sunt oameni liniştiţi şi bonomi. Par mulţumiţi cu ce au şi nu se dau în vânt după străinătăţuri. Nu te abordează nimeni neîntrebat, ca-n ţările cu naţii latine, unde vorba se leagă din nimica toată şi unde, după o bătaie prietenească pe umăr, te trezeşti invitat la o bere. În Polonia te simţi mai degrabă singur; când te plimbi, totul îndeamnă la contemplare, chiar dacă nu e nimic extraordinar de observat. Am căutat să văd dincolo de obişnuitele "atracţii", care se repetă peste tot, indiferent de ţară: piaţa cu produse chinezeşti şi taivaneze, statuile vii de pe la intersecţii, care se mişcă dacă le arunci un ban, staţiunile montane deservite de o linie de autobuz, unde grătarele scot fum şi miroase a cărnăciori fripţi, pe care îi mănânci de pe un carton, ajutându-te de o scobitoare în formă de romb; mobilier din buşteni, cafenelele cu mese la stradă şi cu cafele italieneşti la modă - macchiato, cappucino, espresso; tarabe cu creioane supradimensionale, mărgele ingenios confecţionate din coji de nucă sau din paste făinoase uscate în cuptor, împletituri din piele de bou, păpuşi în costume populare etc. Un produs local foarte răspândit pare să fie chihlimbarul, prelucrat într-o nesfârşită gamă de bijuterii, pe care le poţi achiziţiona inclusiv la chioşcul de ziare sau la ghişeul de schimb valutar din aeroport. Poate că am făcut o greşeală, dar la aşa abundenţă de giuvaeruri am atins saturaţia şi am preferat să nu-mi mai cumpăr nimic, ca să nu mă confund cu peisajul. Posibil să fi ratat o mică afacere, ce să-i fac?! Nici când am fost în Australia, nu mi-am cumpărat opale...

Dincolo de spuza de la suprafaţă, am avut şi câteva experienţe demne de mai mult decât un gând clasat la repezeală. Mi-a plăcut Cracovia. Are aspect medieval şi o atmosferă asemănatoare cu Sibiul, Sighişoara, Mediaşul sau Braşovul. Nu e un "oraş de păpuşi" renovat şi lustruit, ca micile bijuterii urbanistice răspândite prin Germania, Austria, Franţa sau Elveţia. Primul impuls a fost de uşoară dezamăgire, poate din cauză că mă pregătisem pentru un adevărat "şoc cultural", aşteptări înşelate, de care nu e străină campania publicitară dedicată "capitalei de suflet" a Poloniei.

Printr-o poartă medievală, pe sub un turn de bastion străjuit pe ambele părţi de zidul vechi al cetăţii, pătrunzi în centru, în cotidianul mai mult sau mai puţin normal: magazine şi buticuri de-a stânga şi de-a dreapta, vânzători de covrigi şi de telemea afumată, presată în forme care amintesc de o grenadă (sau, dacă vrem să rămânem pacifişti, de un muşchi tigănesc mai mic, după ce îi tăiem plasa). Obişnuită cu telemeaua noastră, am fost singura căreia i-a plăcut brânza; restul doamnelor au conchis că e prea sărată. Mie mi-a amintit de acasă...

Am căutat în van un anume tip de cârnaţi afumaţi, făcuţi din carne de oaie, o specialitate locală pe care din păcate n-o aveau la magazinul de delicatese. Doar magazinul arăta exact ca şi reţeaua analogă de pe la noi, mai lipsea doar să se cheme „Mercur". În orice caz, în materie de cârnaţi, chiar dacă n-am gâsit ce căutam, polonezii au ce să arate, că doar nu degeaba ne-au molipsit timp de decenii cu clasicul poliş.

O groapă imensă, excavată în vederea unei renovări de anvergură, ocupa toată Piaţa Mare, aşa că am ratat flerul autohton al miezului oraşului. Oricum, e greu să zăboveşti mult în piaţa centrală, din simplul motiv că eşti asaltat din toate părţile de stoluri apocaliptice de porumbei, ca-ntr-unul din filmele lui Hitchcook. Prin tradiţie veche de câteva sute de ani, porumbeii sunt toleraţi cu mărinimie, ei făcând parte din patrimoniul oraşului. Dacă e să dăm crezare legendei, ei nu sunt altceva decât ostaşii fondatorului regatului, transformaţi în păsări de o vrăjitoare rea, aşteptând răbdatori să li se întoarcă din pribegie voievodul, ca să se retransforme în oameni. Nu zic că nu e frumos cu porumbeii, doar că ar fi bine să stea şi ei mai acolea, la distanţă, că parc-ar vrea să ne scoată ochii. Dar pas de te înţelege cu păsăretul...

Un amănunt macabru, dar poate că aşa trebuie să fie, ca să resiste timpului: de tavanul halelor istorice ale oraşului, unde - nu-i greu de ghicit - e plin de tarabe cu bijuterii de chihlimbar, feţe de masă brodate migălos de mână şi păpuşi îmbrăcate în costume naţionale - atârnă un cuţit ruginit. Cu cuţitul respectiv şi-a ucis un meşter constructor propriul frate, când a văzut că turnul lui, la biserica pe care o ridicau împreună, promitea să devină mai frumos decât al său. Aşa se face că frumoasa biserică – simbol al Cracoviei, a rămas cu un turn mai scund decât celălalt (chiar dacă pragmaticii zic că n-au ajuns banii...) Cine trece azi pe sub damoclescul cuţit al Manoleului autohton se simte dator să trăiasca în pace cu aproapele, făcând abstracţie de faptul că nu suntem toţi întotdeauna întru totul de acord.

Din păcate, acest motto nu funcţionează la toată lumea, lucru pe care l-am simţit pe propria piele când am vrut să văd mai de aproape o brăţară de chihlimbar şi am fost apostrofată violent de o vânzătoare vârstnică, îmbibată de ură. Primul meu impuls a fost să mă mir cum de m-a ghicit că sunt româncă, de mă suspectează aşa prompt de intenţii de fraudă. Abia mai târziu, punând cap la cap vârsta cetăţencei (probabil are amintiri personale din război) şi faptul că m-am adresat în limba germană, am înţeles că m-a clasat la "duşmanul istoric", chiar dacă fizionomic corespund mai degrabă la genul "latino" (dar s-au mai văzut şi ciori vopsite...).

21

Vorbind de ciori vopsite, iată o observaţie făcută în treacăt de o cunoştinţă şi confirmată la vizita mea în Polonia: polonezele sunt toate blonde-pai, sau, dacă nu sunt aşa, atunci se vopsesc. Mărturisesc că am "vânat" excepţiile, dar n-am găsit decât câteva care nu confirmă regula sau, hai să-i zicem moda asta. Regula e valabilă şi pentru polonezele care locuiesc în străinătate. În orice caz, le stă bine, cel puţin la majoritatea dintre ele. Cam au pe vino-ncoa...

Speriată de jetul de ură cu care m-a tratat vânzătoarea de juvaeruri ale patriei, am simţit rapid că e cazul să mă retrag la WC, lucru de care mă tem ori de câte ori mă aflu în excursii. Am purces cu inima cât un purice în căutarea unei toalete publice cât de cât curate. Cu bucurie, chiar cu invidie, am descoperit semne indicatoare fără echivoc şi un „cabinet” în bună stare, deservit de o femeie harnică. A tot repetat ea o frază introductivă în limba poloneză, pe care am înteles-o cu greutate abia după ce am plecat– cum că apa se trage de la sine, când ieşim din cabină, se vede treaba că era mândră de dotarea asta sofisticată. Până la urmă ne-a lăsat să ne descurcăm singure, spre uşurarea noastră. Zic uşurare şi gândesc aşa cum a fost, cel puţin până au descoperit nişte şcoleri puşi pe şotii uşa cabinei mele, pe care i-a amuzat teribil să ciocănească în mod repetat ca să-mi smulgă supăratul „ocupat” în limba germană. Probabil suna nemaipomenit în urechile lor de pezevenghi, că s-au stricat de râs (pentru conformitate, în germană se zice „besetzt”).

M-am decis, atât cu copii cât şi cu vânzătoarele cu capsa pusă, sa rămân consecventă si sa fac pe nemţoaica în continuare, indiferent de consecinţe. După vizita la toalete am conchis că, dacă e ca românii şi polonezii să se măsoare în altceva decât în buzdugane sau săbii („în toalete să ne mirosim”) e de preferat să evităm confruntarea, căci suntem net dezavantajaţi. Încă mai pierdem la capitolul curăţtenie, fără drept de apel. De-a naibii, am verificat în zilele următoare şi prin alte locuri, alte băi, dar peste tot am găsit aceeaşi stupefiantă ordine. Nu glumesc; igiena toaletelor e primul lucru de care mi se plâng străinii care vizitează România. Morala: de lanţuri apa să se tragă!

Locuitorii Cracoviei exploatează din plin legendele orașului. Comercializează mascote cu zmeul verde, care a scuipat cândva foc de sub actualul deal al castelului Wavel, învins într-un final printr-un șiretlic de un meșteșugar ager care s-a însurat apoi cu prințesa locală.

La un colț de stradă, în zdărngănit de clopoței și tunet de bice, doi bătrânei îmbrăcați în costume populare viu colorate aminteau de viteazul care a salvat orașul de invadatorii turci, parcurgând drumul spre capitală călare pe cel mai rapid cal în viață.

La câțiva metri de castelul în care sunt aliniate criptele cu osemintele generațiilor întregi de domnitori, se află o grotă cu tainice energii nevăzute, conferind orașului un „ce" mistic. Se zvonește că grota respectivă e declarată de înțelepții tibetani drept unul din cele 7 locuri cu emanație sfântă de pe planetă. Din păcate, de doi ani încoace s-a interzis accesul public în grotă, din cauză că niște grupuri de cheflii se obișnuiseră să tragă acolo chefuri monstruoase cu focuri de tabără, lăsând în urmă gunoaie grămadă. Un alt fel de emanații...

Accesibilă publicului e, în schimb, renumita salină nu departe de Cracovia, intrată în patrimoniul cultural al Unesco, singura din lume în care se poate admira o biserică completă săpată de minerii secolului trecut, numai și numai în sare. Altar, lămpi, mobilier, totul e din sare, în mină, la mare adâncime. Și pentru că vorbim de biserici, obligatorie pentru fiecare turist cu pretenții e vizita în orașul natal al recent dispărutului Papă Pavel Voitila, pentru care poporul are un cult întreținut cu pioșenie și cu ... spirit lucrativ. Polonezii nu sunt tocmai așa de catolici cum le-a fost Papa. Abundă bancurile cu tentă persiflantă la adresa multor personaje biblice (Maria Magdalena, Sfântul Petru, Isus). Dar să te ferească Sfântul să zici ceva de Papa. Oricum, nu cunosc pe nimeni care să fi avut intenția.

Cult se numește și ceea ce practică polonezii pentru cel mai renumit fiu al satului în care am locuit noi: săritorul cu schiurile Adam Malysz, un tânăr firav, cu mustăcioară, cu voință tare, după cum l-am văzut eu pe la televizor. Nu mi-a fost greu să înţeleg căldura cu care îl pomenesc toţi consătenii şi entuziasmul cu care ne-au arătat mica trambulină pentru copiii din sat sau statuia de marmură din holul primăriei care îl reprezintă pe campion în mărime naturală. Exact la fel ca la noi cu Nadia Comăneci sau cu Ilie Năstase. E greu de priceput pentru un polonez că în România nu se ştie mai nimic despre săritorii cu schiurile, poate cam la fel de puţin cât ştiu polonezii despre gimnastica noastră la aparate. În orice caz, n-am întâlnit la nemţi sau la spanioli o aşa de pronunţată mândrie şi identificare a întregii naţiuni cu „ambasadorul sportiv al ţării"; până şi expresia asta mi-a sunat cunoscut. Iată încă o asemănare cu noi.

În rest, păduri frumoase, cu pajişti şi luminişuri ca de poveste, munţi cu coame line, ca pe la noi în Apuseni. Uliţa satului – aşa se scrie şi aşa se şi citeşte, ulita, e unul din puţinele cuvinte pe care le-am înţeles – pare desprinsă din istoria recentă, fără mari transformări. În incinta fostei cooperative sunt în continuare meşterii locali sine qua non: frizerul, croitorul, pantofarul şi, mai nou, maseurul. Apoi complexul comercial, cu scara solidă de beton, la parter alimentara iar la etaj mercerie, confecţii şi încălţăminte, plus covoare şi jucării. Pe laturile pieţei centrale: farmacia, clădirea Poştei şi Telefoanelor, primăria, cârciuma cu pretenţii, parcul din faţa bisericii, cu gogoşerie şi tarabă de covrigi. Să vrei şi nu te poţi pierde, de parcă ai fi fost aici de când lumea! În capăt de tot, piaţa de legume, iar în rest, case. Peste tot lume care tace mult. Numeroasele chioşcuri din şindrilă sau chiar buşteni masivi, o parte din ele încă închise, cu băncile pregătite în faţă, ca să primească în sezonul rece muşterii la vin fiert şi ceai cu rom, lăsând să se întrevadă atmosfera de staţiune de iarnă, dacă va binevoi să ningă...

Încolo toate par să vină şi să treacă odată cu râul Wisla, responsabil pentru numele localităţii, râu care porneşte de aici ca să ajungă departe, să devină mai încolo mare cam cât Oltul nostru, cunoscut peste hotare cam ca Adam Malysz şi botezat pe nemţeşte Weichsel după ce se aventurează dincolo de frontiera Europei, care nu mai e.

La capătul celor 10 zile de sejur ne-am lăsat transportați cu autobuzul la aeroportul din Cracovia, cu fermoarele plesninde, ușor nostalgici, dar și oarecum convinși că multe nu mai aveam de aflat sau de descoperit. Șoferul, evident tot fără cunoștințe de limbi străine, era într-un hal periculos de oboseală, firesc aș zice eu pentru ora nouă dimineața, într-o zi de duminică. După ce l-am surprins în două rânduri aproape moțăind la semafor cu capul pe volan, ne-am hotărât să cântăm cât mai tare în spatele lui, ca să-l ținem treaz. Probabil că a rămas cu impresia că nemții sunt copilăroși și zgomotoși, cu un exacerbat spirit de turmă. Cine știe câte idei false și interpretări eronate nu mi-or fi scăpat și mie pe parcursul acestei excursii! E clar că nu poți pretinde că te pricepi la o țară, după ce ai vizitat-o în doar două rânduri, odată în centru iar a doua oară mai la sud, fără să-i fi văzut măcar capitala sau stațiunile de la Marea Baltică.

Mai am o ultimă observație, cu care încerc să dreg măcar o mică ciobitură în imaginea polonezilor văzută din Europa de Vest, unde se susține că sunt campioni la hoții, mai ales de mașini. Ei bine, cel puțin în ce mă privește, am avut o aventură complet inversată. La sosire mi-am uitat pălăria în autobuz. Nu era nici scumpă nici ieftină, dar chic și cu valoare sentimentală. Am întrebat în stânga și-n dreapta, pe la gazde, organizatori și ghizi, dar n-am rezolvat nimic. Mi s-au promis lămuriri și clarificări dar, în ciuda insistențelor mele, pălăria nu s-a găsit. Norocul a făcut ca la plecare să ne transporte același autobuz ca și la venire; așa se face că mi-am găsit pălăria intactă, în plasa de bagaje. Curată vrăjitorie! - au concluzionat mai ales scepticii confrați germani, corecți cum sunt ei când e să dea Cezarului ce-i al Cezarului.

Din puzderia de cuvinte atât de greu de pronunțat, pe care am încercat să mi le întipăresc în minte fără succes, am rămas cu unul care realmente se putea citi aproape pe toate gardurile, mai ales pe stâlpii de înaltă tensiune: UWAGA! Inseamnă "Atenție!" Și, dacă mă gândesc bine, mai în glumă, mai în serios, s-ar putea să exprime exact atitudinea pe care se cuvine s-o avem cu ei.

Ca să nu supăr pe nimeni, rămân pe firul umoristic şi am să-i spun în loc de Polonia, Polonezia, parafrâzand-ul pe Octavian Paler, care, la sfârşitul relatării călătoriei sale în Mexic, observa cu modestie: „voi n-aţi priceput că eu n-am fost în Mexic, ci într-o ţară cu acest nume".

"Călătorule, drumurile nu există,
ele se fac pe măsură ce mergi »
zicală spaniolă

DESPRE SPANIA ŞI DESPRE NOI

Se poate emigra din cauză că plouă? Nu mi-aş fi închipuit, când eram în România, că din cauza stării vremii se poate emigra! Cu toate astea, dacă opreşti aici pe stradă und rezident străin şi-l întrebi ce l-a determinat să se mute de tot în Spania, răspunsul invariabil este: „pentru soare". Un răspuns universal, poate şi pentru că are la bază un corp ceresc, din univers care va să zică, mda! Mă rog, câtă vreme nu stă scris în stele...

Revenind la Spania, într-un fel am senzaţia că toţi străinii stabiliţi aici au un fel de consemn secret: ori de câte ori se întâlnesc îşi laudă reciproc nemaipomenita prezenţă de spirit de a se fi mutat în Spania, într-un paradis permanent. Fiecare consideră că e mai bună Coasta lui decat celelalte litoraluri, în special pentru sănătate. În cazul nostru, nu dăm doi bani pe Costa del Sol sau, ferească Sfântul, Costa Brava! Nu Domnule, noi doar Costa Blanca!

Greu de explicat cum e cu Spania; probabil din cauză că nu există una singură, unitară şi indestructibilă, cum obişnuiam să spunem nu demult. Sunt multe Spanii pe aici; eu am parte de una mai anglo-saxonizată, care sigur nu seamănă cu cea din Pirinei. Din păcate, până azi n-am găsit timpul necesar să cutreier mai departe de o rază de 100 de kilometri în jurul casei, drept pentru care e indicat să se recurgă la internet dacă se caută o „rută educativă". Pentru cei care mă întreabă invariabil „cum e în Spania", iată descrierea mea strict subiectivă.

27

În Comunitatea Valenciană se vorbeşte oficial limba castiliană. Plebeimea însă are un grai al ei, doar de ea ştiut, care seamănă puţin cu limba oltenilor: valenciana. Dealtfel aici se şi mănâncă mult praz iar timpul verbal al povestirii în spaniolă este clasicul „fusei, făcui, luai...”. Ştiu că Împăratul Traian provenea la origine din provincia romană iberică şi nu m-ar mira dacă s-ar fi născut în perimetrul actualei Comunităţi Valenciene. Alt exemplu: unora poate le sună cunoscut citatul „en este lugar”. Traducerea lui în valenciană este „en aquest lloc” (pe româneşte nu cred că e cazul să mai traduc).

Trăim aici într-o lume pestriţă, cu multi conlocuitori din Germania, Norvegia, Anglia, Belgia, Olanda, şi multe alte ţări. Toţi au în comun mentalitatea conchistadorială de „nou început”, cea pe care au avut-o spaniolii pe vremuri în America. Acum o au nordeuropenii când vin în Spania. Un caz clasic de revers istoric.

Luatul acesta din nou de la zero, aşa-zisa lipsă de trecut, are avantaje pentru că ne unifică pe toţi sub o singură căciulă şi ne obligă să fim politicoşi cu localnicii. La rândul lor, spaniolii sunt prietenoşi cu noi, pentru că la urma urmei veniturile lor provin preponderent din turism.

„Lipsa de trecut” creează şi nişe pentru personaje cu antecedente îndoielnice. Sunt printre rezidenţi caractere solide şi fără un trecut jenant în ţara de origine, dar nu se ştie niciodată care dintre ei are semnul plus şi care semnul minus pe prispă acasă. Asta ne face să fim foarte grijulii cu oamenii cu care ne înconjurăm. E distractiv şi educativ să trăieşti în babilonul ăsta de naţii, realmente ca-ntr-un sat global. Aud de la cunoscuţi că şi Toronto are vocaţia universală, dar din descrierile lor e diferit. Cred că Toronto e un „oraş global” în timp ce noi ne plasăm încă în perimetrul rural, aşa global cum este el.

Structura geologică a Peninsulei Iberice este înrudită cu Africa; peninsula s-a alipit ulterior Europei. Pământul ale culori deschise, e lutos sau nisipos, fără humus. Cel mai roditor pământ are o culoare roşie intensă, precum zgura terenurilor de tenis. Asta m-a facut să exclam când am venit prima oară aici: „Ce frumos! Aici trebuie să fie paradisul tenisului!". Mi-am atras priviri nedumerite și pline de reproș. Dar ce-i al lor e pus deoparte: luptă în continuu să facă roditor pământul care parcă e făcut să fie muncit cu dușmănie. Și reușesc destul de bine.

O plimbare prin urbanizațiune e ca un traseu ireal printr-o lume feerică de plante exotice, palmieri, banani și altele cu flori stridente, roz, portocalii sau mov, despre care eu în România credeam că există doar sub formă de kitch din plastic. S-au priceput să transforme vastele câmpuri aride în vii - din care extrag vinuri spaniole renumite - sau în plantații de portocali și de lămâi. Tehnica de irigație au preluat-o de la mauri, acum 600 de ani, sub forma unui sistem ingenios de canalizare.

Rămâne pentru mine un mister cum de creștinii și maurii au reușit să conviețuiască timp de 600 de ani pentru a se despărți mai apoi, ca și când s-ar fi adunat abia cu o zi în urmă. Maurii au fost alungați înapoi în Africa. Sună simplu dar e greu de înțeles. Aproape că sunt tentată să spun că „nici usturoi n-au mâncat, nici gura nu le-a mirosit" dacă n-aș ști cât de mare e consumul de usturoi în dieta mediteraneană.

Ce-ar fi dacă acum, la nici măcar 600 de ani de la descoperirea Americii, toate neamurile cotropitoare s-ar întoarce în Europa iar continentul ar fi predat înapoi la cheie pieilor roșii? Evident absurd, dar privit strict din punct de vedere temporal tot 600 de ani se cheamă. Dar să n-o luăm de la „paș´opt" (respectiv de la oul lui Columb).

Valencianul mediu (dacă există așa ceva) e mereu în sărbători și în petreceri. Dintr-o „fiesta" în alta, ei petrec tot anul; iar dacă se întâmplă să nu fie chef în satul lor, atunci e sigur unul în satul vecin. Cu mult fast organizează defilări de mauri și creștini îmbrăcați în costume bogate, cu lupte alegorice, ca pe vremea cruciadelor. Au obiceiul să iasă seara târziu la restaurant, cu cățel și purcel, cu bătrâni și tineri. Se instalează catre ora zece/ unsprezece noaptea cu tot clanul la o masă și mănâncă și se simt bine până către ora trei dimineața. Obicei benefic în orice caz pentru întreprinzătorii din gastronomie, care vând aceeaşi masă de două ori pe seară: de la ora 20 la 22, rezidenţilor străini iar dupa ora 22, spaniolilor.

Prin zonă sunt plaje frumoase, câteva parcuri mari de distracţii, numeroase restaurante cu specific local (tapas-bar), oraşe interesante de vizitat, parcuri zoologice în aer liber (safari), câteva trasee de drumeţie, centre de închiriat biciclete, cooperative de vinuri cu vânzare în vrac (bodegas), sărbători locale cu defilări şi măşti (maúri şi creştini), alergări de vite pe străzi. Ultima distracţie se numeşte „bous al mar" şi e o adaptare a corridei andaluziene la specificul local valencian. Se desfăşoară într-o incintă îngrădită, cu o singură latură liberă spre mare. Tinerii mai curajoşi caută enervarea bovinei până la paroxism, determinând-o să se arunce de bunăvoie în apă. Nefiind genul meu de distracţie, mă abţin de la comentarii. Să mă ierte Hemmingway şi nenumăraţii fani spanioli ai acestui sport care, fără îndoială, are o tradiţie îndelungată şi posedă mult mai multe reguli ritualice decât un banal fotbal...

Ce-mi place mie la marile sărbatori populare din zona noastră e paella uriaşă pe care o prepară priceputii localnici (adesea sunt bărbaţii!) direct în piaţa centrală a localităţii, într-o imensă cratiţă rotundă specială. Precum ciorba de la popota din armată, aşa şi paella uriaşă, e cea mai gustoasă tocmai pentru că e preparată en gros. Inutil să adaug că paella valenciană, renumită între timp peste tot în lume, se distribuie în astfel de ocazii gratuit sau contra unei sume modice oricărui trecător care se întâmplă să poarte asupra sa un apetit corespunzător.

La fel ca şi corrida, unde secvenţele de luptă se desfăşoară după o ordine strictă, preparatul paelliei are secretele ei şi nu toată lumea le cunoaşte. Dacă italienii pun preţ pe „pasta al dente", spaniolul cultivă un orez special pentru paella lui, orezul supranumit bomba, şi vai şi-amar dacă NU se lipeşte puţin de fundul cratiţei. Tocmai crusta aceea crocantă e garanţia reuşitei! Mă duce un pic gândul la titlul acela sugestiv de carte a mirărilor - „Obiceiuri de nuntă la cangurii şchiopi", sau poate mai bine „crede şi nu cerceta"...

Temperaturile aici sunt calde tot timpul anului; nu ninge niciodată şi termometrul nu coboară decât rar sub 5 grade plus. Vara e acceptabil, spre deosebire de Costa del Sol, unde e mult mai torid, sau de Costa Brava, unde iarna ninge (iată că tot nu m-am abţinut fără să arunc un mic ghimpe printre rânduri, cum spuneam...). Aici arareori se ajunge la 40 de grade; doar regulat, cateva zile pe an, în iulie sau în august (dacă am şti exact când...).

Deşi dictatura lui Franco este de domeniul trecutului, pe alocuri au rămas urme care emană amintiri sumbre de acum patruzeci de ani. Sunt semne vizibile, precum reperele geografice, sau semne mai greu de identificat - cele ascunse în comportamentul oamenilor. Pentru noi, românii trecuţi printr-o experienţă abrutizantă asemănătoare, semnele sunt mai vizibile şi mai dureroase decât pentru străinii din nordul Europei, care le privesc cel mult ca pe nişte curiozităţi demodate.

Nu e uşor când treci cu maşina aproape zilnic pe lângă un conac maiestuos lăsat în paragină, pe care nimeni nu-l revendică. Umblă zvonuri că e bântuit de strigoi pentru că a servit drept casă de acoperire pentru conspiratori şi că acolo au fost torturate şi îngropate persoane inocente. Mă poartă gândul la scandalurile din România cu privire la retrocedarea clădirilor naţionalizate şi constat că se poate şi mai rău: se poate ca retrocedarea să dureze chiar şi o jumătate de secol.

Sechelele din mintea şi sufletul oamenilor sunt subtil învăluite în modele de comportament care nu bat la ochi la prima vedere. Paradoxal cum simpaticii vârstnici aşezaţi pe o bancă într-un sat uitat de lume salută prietenoşi turistele nordice cu aspect walkiric, îmbrăcate în pantaloni scurţi (adică foarte scurţi). Aceiaşi uncheşi ar fi în stare să ridice a blestem bastonul împotriva propriei nepoate dacă ar întâlni-o îmbrăcată în fustă mini pe uliţa satului.

Bineînţeles că stilul bănuitor şi cu băgare de seamă s-a demodat în oraşele din zonele litorale, unde abundă străinii. Aici a lăsat loc unei mentalităţi lejere, uneori chiar laxe. Aflat brusc în situaţia de copil răsfăţat al ultimilor decenii, acelaşi ins care cu treizeci de ani în urmă „ştia dureros ce e suta de ... pesete" acum înoată în euforia boomului trecator şi jonglează cu cifre şi promisiuni fără acoperire.

Ca-n orice proces de ardere a etapelor, s-au sacrificat pe drum exact valorile sensibile, cele fără de care deliciul rămâne la nivel consumist. Din visul vieţuirii paşnice într-o oază de linişte unde fiecare colţ aşteaptă să fie contemplat şi gustat, mulţi s-au trezit aici ca într-o incintă înconjurată de căţelandri care se agaţă de pantaloni şi trag enervant în toate părţile. Sub soarele cald şi îmbietor al sudului care îndeamnă la pace s-a dezvoltat o naţie latină mult prea temperamentală şi cu ambiţii concrete deloc poetice, o combinaţie mult prea explozivă pentru gusturile căutătorilor de linişte din nordul Europei.

Cine-a ştiut să aboneze pentru sine valul ultimilor treizeci de ani, şi-a văzut eforturile încununate de succes. Aşa bunăoară, deja celebra poveste a reţelei locale de supermagazine „Pepe la Sal", care face faţă oricând concurenţei unui centru de tip „Mall" de oriunde aiurea pe mapamond. „Pepe La Sal" e unul din acele supermercado-uri unde găseşti de toate, inclusiv produse rare din import, cu zece case electronice la ieşire şi cu tot dichisul.

Acum 30 de ani, un vânzător ambulant pe nume Pepe, colinda străzile comunei cu un coş de răchită plin cu sare în spate şi striga la intervale regulate precum negustorii noştri din perioada interbelică pe Podul Mogoşoaiei : a venit Petre, cu sarea – „Pepe. La Sal!". Vindea sare. S-a deşteptat la timp când au început să vină turiştii din nordul Europei şi şi-au cumpărat case la mare. A deschis întâi o băcănie, apoi a investit mai departe, şi-a angajat copiii la tejghea şi a crescut odată cu urbea. Iată că nu numai America e ţara tuturor posibilităţilor! Pepe a murit între timp într-un accident. Destinul morţilor subite i-a mai răpit de atunci încoace pe câţiva din membrii familiei sărarului. Păcat, dar asta e altă poveste...

Cert este că fraţii noştri spanioli au ştiut să se mişte rapid în direcţia potrivită şi au transformat un fost sat simplu de pescari într-o localitate turistică plină de farmec şi de bunăstare.

Un vizitator venit recent din ţară mi-a mărturisit cu mirare că se aştepta să găsească aici o versiune ceva mai avansată a României dar a fost dezamăgit: a găsit o ţară mult mai departe decât se aştepta. Singura consolare e că nici el n-a văzut-o în totalitate, ca şi mine. Poate că merită căutat mai departe, dincolo de faţade, spre interior, la rădăcini. Nu cumva v-am trezit curiozitatea? Curaj!

*„Există oameni capabili
să se consoleze
până şi cu sfârşitul lumii,
cu condiţia să-l fi prezis ei. "*
Friedrich Hebbel

PLANETA DODOLOAŢĂ

Conform proporţiilor corpului uman, Statuia Libertătii ar avea măsura 3600 la picior. Faceţi ce doriţi cu informaţia asta!

Cam ăsta e genul de îngustime de minte, dublată de un gust exagerat pentru senzaţional şi de o manie exacerbată pentru cifre şi statistici, care probabil l-a determinat pe economistul Malthus să ne prevadă în eseul său „The principle of the Population" un viitor sumbru, pe o planetă condamnată la suprapopulaţie. De la 1782 încoace, scenariul lui apocaliptic s-a menţinut cu încăpăţânare în minţile noastre. Stafia bântuie în continuare.

Îmi face aşadar mare plăcere să detronez oficial încă o inepţie derivată din purul calcul statistic, extrapolat dincolo de limitele simţului măsurii şi să anunţ că studiile mai noi demonstrează că suntem salvaţi! Nu va exploda Terra din toate încheieturile sub presiunea maselor de hominizi înfometaţi! E cert şi verificat. Nici gând să ne călcăm unii pe alţii în picioare, căci sporul natalităţii a intrat ireversibil în dizgraţie, inclusiv în China şi în alte ţări mitologizate în grabă. Excepţie mai fac doar câteva din ţările africane scuturate de războaie, care provoacă parcă prin compensare pierderi de vieţi (ironia soartei), dar trendul e şi acolo în descreştere.

Nu, dragii mei, nu ne paşte drama înghesuielii într-o lume strâmtă, înconjuraţi de semeni indiscreţi, voraci şi atroci, râvnind la bunurile noastre! Mai degrabă plictisitorul, clasicul sindrom al însingurării, al genericului „ce film e ăsta şi ce caut eu aici?".

De parcă n-am fi observat asta şi fără ajutor din afară! Confuzii dintr-astea apar ades când ne pripim cu judecăţile şi nu ne informăm temeinic. Fireşte, matematic e posibil ca planeta să nu ne mai încapă pe toţi într-o bună zi. Atâta doar că ar dura enorm. Câtă vreme se poate verifica oricând în practică cum încap unsprezece oameni pe un metru pătrat („testul cabinei telefonice"), tot matematica ne învaţă că întreaga populaţie a globului, atunci când va atinge zenitul de care ne temeam, de 9 miliarde de indivizi, ar încăpea de 35 de ori doar pe suprafaţa lacului Ontario (spre exemplu). Calcul strict matematic, fireşte, căci nu se poate pune chiar aşa om de om decât într-o minte strâmtă, în teorie.

De bine de rău nu ne rămâne decât să ne împăcăm cu ideea că pământul ne rabdă mai mult decât credeam. Câtă vreme ne suportăm noi înşine cât de cât. Din păcate, sunt mulţi care parcă suferă de o alergie la propria persoană. Câţi nu visează la viaţa veşnică dar, în acelaşi timp, habar n-au ce să facă cu ei înşişi într-o după-amiază ploioasă de duminică?! Veşnic în mişcare, nu tac aproape deloc şi trăiesc după program la secundă, cu ore fixe de sculare, mâncare, plimbare, divertisment, emisune preferată la TV etc. De parcă s-ar teme să rămână singuri un minut, să nu bage de seamă că lipseşte ceva important sau să nu piardă nimic din spectacolul contra cronometru al vieţii lor scurte.

Te uiţi la ei, te amuzi de alergarea lor continuă, şi ce faci? Îţi propui, firesc, să nu fii aşa şi încerci să te ghidezi după principii spirituale. Citeşti, admiri natura, vizitezi, te cultivi, porţi conversaţii de tip terţiar (tip primar - despre alţi oameni; tip secundar - despre întâmplări; tip terţiar - despre idei). Şi aterizezi, invariabil, tot într-o dilemă. Alta, de data asta cu un etaj mai sus.

E cazul prietenei mele din Elveția, care și-a epurat viața de tot ce-i consuma timpul în mod inutil, ca să poată aprofunda budismul. E aspru șpagatul pe care îl face încercând să-și balanseze viața, între prozaic și ideal, cât mai optim posibil. Dacă vreau s-o vizitez, mă refuză cu blândețe pe motiv că blestemata de muncă îi fură și așa destul din timpul pentru meditat. Păi cum vine asta, cu fruntea în nirvana și cu genunchiul în glod?! Mai că mi-a stat pe limbă să-i răspund obraznic: „nu poți să îngrași o grădină, rezumându-te la a băși prin gard”. Ergo trebuie să sacrifici ceva (timp), să „te murdărești pe mâini” dacă ai focalizat o „curățire”.

Noroc că are fiecare dreptul să-și așeze prioritățile după bunul plac. Unii cultivă prietenia, alții fasolea sau ... grădina altuia. Prefer omul tăcut și ocupat cu propria persoană, chiar dacă uneori pare arogant sau egoist. Parcă emană mai multă armonie decât aproapele de tip vârtej, descris în paragraful ante-anterior. Ce bine că nu suntem Dumnezei, ca să fie nevoie să decidem noi care e bun și care e rău!

Adevărul o fi ca de obicei, și de data asta, undeva pe la mijloc. Nici să lâncezim în autoextaz, dar nici să ne învârtim ca titirezul fără scop. Redescoperirea încetinelii, „slow food” și „simplify your life” sunt doar câteva din numele date noii mode a „degustării” momentului, în sensul cel mai pur de „gourmet”. Nu știu dacă budiștii chiar nu fac nimic decât să mediteze. Habar n-am dacă au, după modelul colegilor lor de prin mânăstirile creștine, câte o îndeletnicire lucrativă, cultivă o grădinuță cu ierburi aromatice sau produc vin. Dar chiar dacă ar trăi izolați, concentrați în spiritual, scufundați cu toate forțele în bogăția pe care de bună seamă o are fiecare dintre noi incontestabil undeva, nu pot decât să-i tratez cu respect și să mă bucur că există. Căci, după cum spuneam la început, în ciuda stafiei lui Malthus, loc ar fi destul...

„O zi proastă la pescuit
e mai bună decât o zi bună la serviciu"
cugetare bahameză

BAHAMAS

Nu degeaba sunt ele la plural, Insulele Bahamas. Cu peste
700 de insule, arhipelagul e foarte mare, practic încă nu l-a văzut
nimeni pe tot. Dealtfel nici nu sunt locuite toate insulele. Unele
sunt atât de mici încât abia încape o casă cu ograda din jurul ei.
Se pot cumpăra, începând cu prețuri de câteva sute de mii de
dolari. Limită superioară la prețuri nu există.

Vizavi de plaja hotelului în care am stat era o insulă destul
de mică, cu o vilă ascunsă printre palmieri: reședința de odihnă a
actualului primar al New Yorkului, mi se pare că Bloomberg, în
același timp și proprietarul unei rețele de televiziune importante
din SUA. Izbește la fiecare pas prezența americană, în mai toate
aspectele vieții: începând de la accentul localnicilor în limba
engleză, continuând cu preferințele lor culinare, în special
pentru grătare de tip barbecue, și terminând cu incredibila
rezistență la … frig. Da, da, la frig, am scris bine. Mai in glumă,
mai in serios, am scos vorba "Welcome to the Bahamas! Here
you will be chilled!". Explicația: ca și-n SUA, instalațiile de aer
condiționat sunt branșate în continuu, oriunde te-ai afla în
incinta hotelului, de-ți îngheață sângele în vine. În paranteză fie
spus, cuvântul "economie" nu s-a inventat la ei, nici la curent,
nici la apă. Dușul are doar două poziții: "deschis" sau "închis",
nu jet mediu și alte reglaje fine.

Revin la aerul condiționat: pare paradoxal să răcești tocmai
în insulele Caraibe, dar mulți dintre noi s-au îmbolnăvit. Câțiva

şoferi de autobuze prinseseră de veste că suntem sensibili şi cum aflau că vii din Europa, dădeau aerul condiţionat la minimum. Se pare că europenii sunt recunoscuţi ca "mimoze". Bineînţeles că n-am avut îmbrăcăminte adecvată pentru frigul dinăuntru, dar am stat mult pe-afară, unde era plăcut (între 25 si 30 de grade Celsius iar apa mării avea 28 de grade, şi un vis de culoare turcoază). Amândoi ne-am îmbolnăvit abia după întoarcerea acasă, lucru pe care îl privim ca pe o victorie.

Tot la SUA m-a dus gândul şi de fiecare dată când ghizii care ne prezentau obiectivele locurilor şi începeau aproape fiecare frază cu preţul lucrului la care se refereau. În final rămâi realmente cu impresia că orice se poate cumpăra, dacă ai bani destui. Nu e de mirare că am făcut des gafa de a mă adresa localnicilor drept "americani", pentru ca ei să mă apostrofeze prompt, căci "numai cineva care vine de aşa departe cum e Europa poate să facă aşa o confuzie".

Cursele aeriene leagă insulele de continentul american cu ritmicitate de ceas, din oră în oră. În afară de două linii aeriene americane şi de cea naţională a statului Bahamas, nu există decât o singură companie europeană (engleză, rămăşiţă de pe vremea când Bahamas era colonie britanică), care efectuează zboruri directe întracolo. Una din cauze e şi faptul că pista de aterizare nu e propice aterizării avioanelor prea mari.

În orice caz, Miami e atât de aproape încât n-ai timp nici să legi o vorbă scurtă cu vecinul de scaun din avion, că deja ai şi ajuns. În paranteză fie spus, e bine că zborul nu durează prea mult, pentru că scaunele din avion sunt cam desfundate iar urechile se înfundă oricum de la zgomotul elicelor avioanelor de tip ATR, model inedit pentru nostalgicii care-şi amintesc de zborurile interne ale Taromului.

În primele zile a fost mai umed, dar ploile sunt atât de calde încât nu simţi nevoia să iei cu tine o umbrelă. Complexul hotelier era oricum aşa de vast, de practic nici nu era nevoie să ieşi afară; aveai distracţii pentru toată ziua (şi noaptea). Tocmai se uniseră două hoteluri învecinate cu unul din cazinourile cele mai vestite din apropiere de capitala Nassau, punând bazele unui complex care va fi cel mai mare din zona Caraibelor. Nu mare ci mai bine zis imens, atunci când va fi gata, cu 3500 de camere. Nu e de ici colo să dispui de toate facilitățile lor, mulțime de restaurante, plaje și piscine, sporturi de tot felul și multe altele.

Cazinoul era deschis 24 de ore din 24, orar normal la ei și lucru neobișnuit pentru noi. Am constatat că mulți americani veneau în weekend doar ca să joace jocuri de noroc. La un moment dat m-am amuzat privind peste umărul unui jucător care arunca pe masa verde grămezi de chipuri de câte o sută de dolari. Era o oră cam târzie și tipul băuse destul de mult. Avea aspect tipic de american texan, doar fără pălarie de JR. M-a invitat să iau loc, că poate îi port noroc. În loc să se concentreze la joc, parcă mai ostentativ arunca sutele pe apa Sâmbetei, preferând să facă conversație. Că de unde sunt, și că ce țară minunată e Germania, că el e din Austria ; mă rog, prostii pentru că nu vorbea boabă germană, dar poate se referea la străbunici, cum e obiceiul pe la ei. A culminat cu teza precum că l-ar chema Harry Bush și că e fratele Președintelui Americii. I-am răspuns amuzată dacă e așa, pe mine mă cheamă Samantha Fox. Așa l-a binedispus replica mea că a și început să strige în gura mare « prieteni, vă prezint pe Samantha Fox ». Brusc au început să tresară discret niște băieți atletici îmbrăcați la patru ace, de parcă ar fi confundat pentru o clipă exclamația cu un ordin. Am preferat să mă retrag în pripă, că mai știi ?…

În orice caz, e șocant când, deschizând dimineața ochii, primul lucru pe care îți cade privirea e reclama : « Vrei să vezi cum e când ești iubit pentru banii tăi ? Satisfă-ți curiozitatea și joacă la noi în Cazinou !" Și dacă nu vrei? În definitiv, mă întreb cum o arăta omul care își dorește așa ceva. De parcă altceva mai bun nu ai, ca să meriți să fii iubit. La inceput, nu ne-au prea tentat jocurile de noroc, dar responsabilii lor știu să atragă clienții cu tot felul de bonusuri gratuite, în așa fel încât, spre sfârșitul sejurului, devenise o ocupație de rutină să ne jucăm în fiecare zi "banii de plastic" pe care îi primeam oricum pentru că luam micul dejun în incinta lor. Cu timpul ne cunoșteam între noi, cei 600 de turiști germani de prin toată lumea. Vedeam aceleaşi feţe pe unde întorceam capul, nu numai în incinta hotelului, ci şi prin punctele de atracţie turistică din oraşul Nassau – capitala mică dar cu un farmec provincial exotic şi inegalabil. Atmosfera în complexul de vacanţă era plăcută, ca într-o familie mare. Îmi închipui că e asemănătoare climatului dintr-un sat olimpic.

În primele zile de acomodare eram doar noi şi alte patru perechi din Germania şi din Austria. Decalajul de fus orar s-a făcut simţit din plin. În primele nopţi ne sculam cuci pe la două dimineaţa, apoi la cinci...O idee genială: sala de fitness se deschidea la ora cinci dimineaţa si puteai chiar să iei parte la un curs de "bună dimineaţa, muşchi" la 5:30. Am fost la un curs de aerobic mai târziu, la ore civilizate. Ritmul tot mai alert şi combinaţiile de paşi numai de ei ştiute se succedau într-o spirală din ce în ce mai rapidă. Am fost nevoită să mă dau bătută, cu capul roşu ca o sfeclă şi cu limba de-un cot. Negrii ăştia – dar mai ales negresele – sunt daţi dracului, jur!

Ulterior ne-am felicitat pentru ideea noastră de a ateriza în avans, pentru că am fost trataţi cu mai multă atenţie, fiind aşa de "exotici" prin limba germană, rar auzită pe acolo şi prin faptul că veneam de la mare distanţă, taman din bătrâna Europă. Localnicii nu încetau să se minuneze de noi, sejururile medii fiind la ei trei zile şi nu de două săptămâni, cum era cazul nostru.

Lăsând la o parte dezarmanta birocraţie naivă a americanilor, care te întreabă în scris în chestionarul de intrare în ţară dacă "eşti membru în vreo organizaţie teroristă", alt amănunt amuzant care m-a frapat la sosire a fost detaliul insolit din formularul de intrare în Bahamas, legat de "scopul vizitei". Opţiunile principale de bifat erau "nuntă" sau "lună de miere". Într-adevăr mi-a fost dat să văd ulterior puzderie de cununii oficiate ca pe bandă rulantă, în foişorul dantelat special amenajat lângă o minicascadă din incinta complexului direct vecină cu oceanul. M-au podidit des lacrimi de bucurie, trăgând cu ochiul la câte o pereche emoţionată, înconjurată de copii maro ca din ciocolată, îmbrăcaţi în hăinuţe albe ca neaua, în foişorul împodobit cu paglici şi fundiţe roz. Visul american tipic ! Dar emoţiile sunt autentice şi molipsitoare ; tot nu te poţi stăpâni să pui oprelişte valului de senzaţii mişcătoare care vin dinspre ei. Că veni vorba de kitch, atât de alb era nisipul, atât de turcoază marea, atat de filigran se desenau palmierii pe fundalul cerului fără nori – căci ploile au încetat după primele zile – încât parcă aterizasem într-una din cărţile poştale din magazinele de suveniruri cu renume îndoielnic. Apa mării, cum spuneam, turcoază şi clară, nici măcar albastru închis ca la noi…

Neîncrederea cu care ne priveau angajaţii hotelului în primele zile, când le povesteam că vor fi cotropiţi în curând de hoarde de nemţi asemeni nouă a lăsat loc unei avalanşe de mirări, odată cu împlinirea profeţiei noastre. La trei zile înainte de începerea competiţiilor, Raddisson s-a transformat într-un hotel de limbă germană, un furnicar de "Sprechen-Sie-Deutschi", lucru oricum neobişnuit pentru perioada calmă de extrasezon. După câteva bâjbâieli de început, explicabile prin lentoarea cu care păreau să se mişte lucrurile la poporul ăsta vesel dar cam « relaxat », au luat curba destul de elegant: brusc au apărut peste tot abţibilduri pe care scria în germană că uşa se împige, respectiv se trage, că ascensorul duce la restaurant sau că p-aci ţi-e drumul spre plajă. Ne-am distrat la auzul acentului anacronic cu care vorbea germana o cetăţeană rasată pe care nu ştiu de unde o scoseseră ca să ne stea la dispoziţie pe post de tălmăcitoare la recepţia hotelului. În orice caz, ce le-a lipsit la competenţă, au ştiut să substituie prin bună dispoziţie şi ospitalitate, în aşa fel încât chiar numai habotnicii notorii au rămas neînduplecaţi până la capăt cu criticile lor. Gurile rele susţin că ăştia oricum au întotdeauna ceva de comentat.

Doar cu titlu informativ, printre neregulile care într-adevăr nu sunt de trecut cu vederea, se numără lipsa crasă de măsură a timpului la bahamezi: autobuzul care urma să ne ia la ora 9 a plecat deja la nouă fără douăzeci, gol, bineinţeles. Delegaţia austriacă trebuia să ia avionul de întoarcere la ora zece dar, deşi s-a prezentat la aeroport reglementar, cu o oră înainte de decolare, n-a mai fost primită în avion, pe motiv că … avionul lor se umpluse deja cu alţi pasageri întârziaţi de pe la alte curse. Cum nu s-au găsit locuri pentru ei nici în cursele de ora 11, 12 şi 13, au ratat îmbarcarea pe vasul de croazieră care îi aştepta – sau mai bine zis nu i-a putut aştepta - la Miami. Au fost nevoiţi să zboare în întâmpinarea navei de lux pe care au urcat abia două zile mai tarziu în ...Puerto Rico. Replica dezarmantă a funcţionarilor de la aeroport în faţa deznădejdii lor tipic teutone - obişnuiţi să meargă treaba nemţeşte, şnur - a fost cam la modul "dar ce vă grăbiţi aşa, că doar tot acolo ajungeţi! Nu vedeţi ce frumos e aici şi cum râde soarele?". No comment....

În Spania există o mentalitate a amânării, vestitul "mañana", adică toată lumea întârzie. Lipsa de punctualitate e privită aici ca un delict cavaleresc. În Bahamas e invers, se practică devansarea. Să se vină înainte, şi să se plece fără tine înainte de ora convenită, asta chiar că pare cel puţin ingenios. Precum Tuşica - o bătrână din satul bunicilor mei - care avea obiceiul să se ducă de cu seară la gara din comuna vecină şi să aştepte acolo trenul de Sibiu, care venea abia a doua zi dimineaţă. Doar aşa era ea liniştită că poate să-şi vândă ouăle de la găinile ei in Piaţa de la Sibiu a doua zi, fără să intervină ceva neprevăzut. O fi ştiut ea, "Tişa noa", că mai sunt alţii ca ea peste ocean?...

Revin la primele zile de concediu şi insist că aşa popor vesel şi muzical ca bahamezul, eu n-am mai văzut. Femeile care serveau pe la mese micul dejun, negrese cu şolduri voluptoase care aminteau de guvernanta lui Scarlett O' Hara din "Pe aripile vântului", cântau în timp ce-şi făceau munca, nu se grăbeau niciodată şi aveau într-una zâmbetul pe buze. Ţi-era mai mare dragul să le laşi un bacşiş, de bunăvoie, chiar dacă nu era solicitat ("nu e obligatoriu, dar se acceptă cu graţie"). Obiceiul ăsta american cu "tips"-urile l-am priceput destul de repede.

Două vânzătoare stăteau la taclale într-un magazin. Povesteau despre un cuplu proaspăt căsătorit şi erau entuziasmate de combinaţia dintre culorile tenului mirilor. Ziceau că sigur vor avea copii drăgălaşi, pentru că mirele era negru ca abanosul iar mireasa era un fel de metisă măslinie. Ca să vezi ce subiect de conversaţie insolit! Deloc rasist sau deplasat ! Pur şi simplu natural. Într-adevăr câteva fete de pe acolo păreau adevărate nimfe, demne de orice copertă de revistă, gingaşe şi naturale de parcă s-ar fi născut prinţese de abanos.

În general, localnicii au tenul foarte închis la culoare. Bărbaţii sunt destul de uscăţivi, genul "gazelă" care fuge pe la televizor de mănâncă pământul pe la competiţiile de atletism. Femeile, în schimb, sunt adesea mai masive, genul "mămică", lucru care nu le împiedică să se mişte cu o naturaleţe de invidiat, în majoritatea cazurilor cocoţate pe pantofi ultraeleganţi, cu tocuri cui foarte înalte. Dansează într-un ritm fascinant. Unde i-am văzut dansând ? N-am avut nevoie de bilet la spectacolul de la cazinou. Pur şi simplu a fost suficient să deschid ochii pe plajă ca să-i văd cum se salutau între ei când se întâlneau în drumurile pe care le făceau cu diverse comisioane, improvizând paşi de dans pe muzica de la radio sau cântându-şi singuri. Odată m-au luat şi pe mine de mână, dacă tot treceam pe acolo...

M-au cucerit aromele exotice care pluteau prin aer. Coctailurile lor cu fructe exotice (Banana Mama – portocaliu, Pina Colada – alb lăptos, Goombay Smash – roşu s.a.) m-au dat gata din primele zile. Fiind cu alcool, nu-mi priau în timpul zilei toride, chiar dacă aveam totul pus la dispoziţie în mod gratuit. Comanda ne venea direct la şezlongul de pe plaja (dar am auzit că şi la Mamaia e la fel). Ziua beam diet coke, seara mai beam şi vin. Au prin Chile şi prin California nişte picături care mie una mi-au priit mai bine chiar decât cele scumpe frantuzeşti (sper să nu mai înjure careva).

Dacă ar fi fost să plătim fiecare consumaţie, nu ne-ar fi ajuns banii nici pentru trei zile. Numai o bere costă deja 7 dolari, micul dejun era 40 de dolari pentru amândoi, un meniu la amiază costa 39 de dolari de căciulă. Horror la preţuri, de asta merge toată lumea pe sistemul american, all inclusive. În schimb, mirosurile lor apetisante dau dependenţă. Până şi săpunurile din camera de hotel emanau arome citrice şi mentolate. Se pot cumpăra în ateliere de manufactură locală, sub toate formele şi cu toate aromele posibile, de-ţi vine sa muşti din ele, nu alta! La fel lumânările artizanale, ceara parfumată ca un pepene proaspăt sau cu arome de mango cu vanilie, turnată în câte o cochilie de scoică de pelegrin iacobin.

În rest, nu prea sunt lucruri cu profil local care să tenteze la cumpărături, exceptând bineînțeles bijuteriile cu diamante sau smaragde columbiene, care invadează piața la preturi de dumping (adică de la câteva sute de Euro în sus). Există în Nassau o stradă întreagă numai cu magazine de pietre prețioase.

Am întreprins câteva excursii pe insulele cu vad turistic moderat. Norocul nostru a fost că sezonul era deja pe sfârșite, așa că am putut dispune de spații fără aglomerație prea mare. Pe una din insule, supranumită "Insula lui Robinson Crusoe", am fost aduși dimineața de un vaporaș și recuperați seara. Fiecare a putut să dispună peste zi de colțul lui privat de insulă pustie, neamenajată și să se zbenguie în voie printre pești exotici și corali. Bariera de corali din arhipelagul Bahamas e cotată ca fiind a treia din lume. La "Robinson Crusoe" n-am fost lăsați chiar tot timpul de capul nostru; pe o platformă ușor accesibilă din orice direcție am avut la dispoziție un bufet tropical tipic. O pereche de localnici vârstnici ne-a însoțit pe tot parcursul excursiei, inclusiv pe vasul care ne-a transportat întracolo, cu acorduri molcome de chitară și de tamburină din muzica locală specifică. Un fel de Harry Belafonte mai bătrân dar neaoș.

Bufetul cu pricina se cam repeta în toate excursiile pe care le-am făcut, inclusiv la câteva din restaurantele care țineau de hotel. Oricât de pornit ai fi pe dietă, doar copane de pui, salate de ananas cu papaya, asezonate cu condimente pișcătoare nu sunt totul. Doar de la sosul pe care scria "medium" îți ia foc gura și parcă arde până-n urechi. Mi-am adus în bagaj ca suvenir un borcan de gem de ... ardei iute. Din păcate am constatat că felurile de mâncare se cam repetau iar necazul mare e că se asociau cu sosuri grele și cu carne din abundență, de exemplu coaste la grătar cu sos tomat american! Pentru cine vrea să rămână neschimbat, stau la dispoziție sălile de gimnastică, baia turcească și sauna finlandeză, în plus bicicletele din dotarea hotelului, terenul de golf și antrenorul de tenis.

Altă excursie a fost pe insula cu laguna în care trăiește în semilibertate o colonie de delfini, pentru mine punctul culminant al concediului, având ocazia să intru în contact direct cu unul dintre ei. Îl cheamă Andy, are douăzeci de ani (trecut de prima tinerețe) și cântărește 300 de kilograme. Mi-a rămas sufletul la el. Fiind mamifer, are sânge cald iar pielea îi e moale și totuși fermă la pipăit. Nici gând să se compare cu atingerea unei reptile, așa cum am crezut eu până acum. S-a apropiat de mine cu mare grijă, ca să nu mă sperie și am simțit foarte clar că a știut cât sunt de emoționată. Are chef de dans și de joacă. Experiența apropierii de delfin rămâne neuitată pentru că intri realmente în comunicare cu el.

Un miliardar din Africa de Sud a cumpărat un areal imens de pe insula vecină celei cu capitala arhipelagului și a construit pe el un complex monumental: "orașul scufundat", Atlantis, omagiu adus lumii legendare dispărute în mare. Te plimbi prin încăperi cu obiecte de uz cotidian, care parcă au ieșit din cărțile lui Jules Verne, direct de pe submarinul căpitanului Nemo. Costume sofisticate de scafandri, uși subterane grele, tuneluri subacvatice ca-n filmele cu James Bond, semne hieroglife indescifrabile scrijelite pe pereti, cu semnificații oculte, formule complicate și hărți stranii întinse pe mese din piatră masivă. Totul lasă impresia că tocmai ar fi ieșit cineva din încăpere și te aștepți să se întoarcă degrabă. Ghida nostimă ne-a povestit tot felul de minunății, mai în glumă mai în serios, despre animale ciudate care trăiesc doar la mari adâncimi, unde nu le găsește lumina zilei și despre orașe subacvatice cu toate facilitățile moderne, ascunse sub un clopot de sticlă. În afară de "lumea imaginației", o parte importantă din "Atlantis" e constituită de acvariul bifurcat în numeroase bazine, legate între ele prin canale care te fac să te simți ca-ntr-un labirint, până le pierzi șirul. Lăsând la o parte rechinii, caracatițele, pinguinii și alte viețăți care se mai pot vedea și prin alte părți, ne-a impresionat tare un pește manta imens, pește înrudit cu rechinul, plat cum e covorul lui Aladin. Deși imens cât o casă era doar un "bebeluș" pe care urmează să-l lase în libertate când va creşte mare, pentru că nu va mai încăpea în bazinele lor.

În mijlocul lagunei, pe post de acvariu izolat în ocean (cine e aici "exponatul" şi cine e "vizitatorul"?), înconjurat pe trei laturi de sticlă groasă, se află un restaurant cu mesele în imediata apropiere a vânzolelii din apă. Din câte am înţeles noi, mesele de lângă "ecranul" acvariului sunt foarte căutate pentru o cină romantică. În schimbul unei sume de bani, logodnicul care vrea să-i facă o surpriză iubitei, poate rezerva masa decorată romantic, cu o lumânare aprinsă, care îi aşteaptă pe îndrăgostiţi. În dreptul mesei se poate afla "din întâmplare" unul din scafandrii parcului, ocupat la ora respectivă cu curăţenia din interiorul bazinului. La un semn convenit dinainte, scafandrul se deplasează în apă până în dreptul mesei şi se lipeşte de geam ţinând în mână o pancardă pe care scrie "will you marry me?" ("vrei să te căsătoreşti cu mine?"). Asta apropo de motivaţia frecventă a multor vizite în Bahamas.

Oraşul Nassau, capitala arhipelagului, e un mozaic aparent contradictoriu de nou amestecat cu vechi, în măsura în care se poate spune că există "vechi" în sensul clasic pe care îl cunoaştem noi din bătrâna Europă. Abundă clădirile în stil colonial britanic, cu coloane şi balcoane, cam ca la Casa Albă, bine întreţinute şi zugrăvite în culori pastelate, de bomboane. Alături de ele se poate întâmpla să vezi o cocioabă încropită din câteva scânduri adunate la repezeală, cu un acoperiş din tablă, într-o curte cu un trunchi de copac tăiat la înălţimea genunchiului, pe post de scaun, sau cu o caroserie de maşină ruginită abandonată în mijlocul unui vraf de pungi de plastic şi de conserve goale. Lipsa de sezon cu adevărat rece face posibilă existenţa unei mulţimi de locuinţe precare, în faţa cărora şed localnicii la un taifas. Atât primăria cât şi clădirea guvernului sunt zugrăvite în roz, de nu te poţi abţine să nu le iubeşti.

Cele mai impunătoare sunt bisericile, o mulţime, şi vilele predicatorilor, care am înţeles că nu sunt prea agreaţi de băştinaşi, pentru că încasează taxe grase pentru nunţi, botezuri şi înmormântări. Una din turele cu bicicleta ne-a purtat pe "şoseaua de milioane" ("one million lane"), unde fiecare vilă costă cel puţin un milion de dolari. Vila prim-ministrului era mult mai modestă decât cea a vecină, a predicatorului.

La fel, am rămas surprinşi de opulenţa aproape indecentă, fără "understatement" european, din Sandy Bay, un golf cu ieşire la mare, în care fiecare vila are locul ei de "parcare" la apă pentru iachtul din dotare. La întrebarea care din preoţi e mai bogat – cel catolic, cel evanghelic? – ghidul s-a uitat la mine fără să priceapă ce vreau şi mi-a răspuns amabil că la ei predicatorii nu sunt legaţi de un rit special, ci pur şi simplu, cei care "simt chemare" predică legile morale şi supremaţia lui Iisus.

Antrenorul meu de tenis mi-a spus că pot să-l "angajez" în orice zi a săptămânii, cu excepţia duminicii, pentru că duminica îşi ia familia şi se duce la biserică "ca să se roage să i se ierte toate păcatele făcute în viaţa asta". De către cine ?

Am observat că bahamezii sunt foarte credincioşi. Se duc toţi în fiecare duminică la biserică, îmbrăcaţi în hainele lor cele mai bune, şi dansează şi cântă în cinstea lui Iisus.

În mini-autobuzele care circulă permanent în jurul capitalei, legând toate colţurile insulei între ele, aproape că nu găseşti un loc liber pe marginea parbrizului, aşa de multe sunt mesajele religioase lipite pe el. Abundă "Domnul le vede pe toate", "fă numai bine şi vei culege bine" sau pur şi simplu, în engleza "Jesus is Lord". Astea toate sunt situate direct lângă semnul de "Nu mâncaţi, nu beţi, nu fumaţi în maşina mea! Mulţumesc!" sau "bacşişul nu e obligatoriu, dar nu-l refuzăm". Prin simpla citire a mesajelor din interiorul maxi-taxiurilor cam dărăpănate, afli deja o mulţime de lucruri despre populaţia locală. Costul unei curse e de un dolar de persoană, se plăteşte la coborâre, direct la şofer, simplă lege nescrisă, clară, garantând un tratament democratic egal pentru toată lumea. Lucrul ăsta te face să te simţi deja ca unul de-al lor, ca într-o familie, dacă te încumeţi să te amesteci printre ei şi nu te rezumi doar la excursiile organizate prin hotel. Ţara e sigură, delicvenţa e neglijabilă, turiştii nu au de se teme.

La distileria de rom Bacardi poţi să te îmbeţi doar de la mirosul plin de eter din halale pline cu butoaie.

Aproape de capitală e şi casa răposatului Bob Marley, care a preferat să stea aici, unde era viaţa mai liniştită, decât în Jamaica natală, scuturată de violenţe şi de droguri.

Muzeul de artă locală e plin cu trăznăi moderne cu iz aborigen, un loc pe care mai nimeni dintre turişti nu-l frecventează, ba chiar nici localnicii nu ştiu să te îndrume unde e, dar care cu atât mai mult cucereşte prin inedit.

Ca pentru final, mai merită relatat despre frenezia cu care petrec localnicii de două ori pe an în cortegii de mascaţi, însoţiţi de o o muzică ritmată asurzitoare: adoratul carnaval "Junkanoo". La cuvântul ăsta sclipesc ochii fiecărui bahamez, fără excepţie. Mişcările lor ritmate zbuciumate şi măştile multicolore, cu pene lungi şi cu bucăţele sclipicioase din cioburi de oglindă aduc de departe cu coroana pe care o poartă pe cap căpeteniile de trib prin filmele cu indieni, mai ales că şi feţele le sunt pictate asemănător. Ritmul sacadat în care bat în tamburine şi suflă în tot felul de instrumente rudimentare sfârşeşte prin a te transpune într-o transă plăcută. De Anul Nou dansează tot oraşul pe străzi, mereu în acelaşi ritm, ca-ntr-un ritual sacru, până-n zori de ziuă. Au până şi un muzeu al Juncanoo-ului, unde eşti tratat cu interes pentru că nimeni nu s-a mai rătăcit pe acolo cam de multă vreme, probabil pentru că spectacolul străzii e mult mai antrenant decât exponatele de prin vitrine. E drept că nu aveau decât măşti şi instrumente muzicale expuse, dar mie tot mi-a plăcut (iar intrarea a fost gratuită…).

Ar mai fi multe de spus. Despre micile detalii rămase din vremea când erau colonie britanică (expresii verbale demodate precum "Thou", adică un fel de "Dumneavoastră" de pe vremea lui Shakespeare), uniforma cu şorţ şi guler scrobit, de guvernantă, pe care o poartă femeile de serviciu în hotel sau uniformele de şcoală ale copiilor, cu fuste plisate şi cu cravate ca ale noastre de pe vremea când eram pionieri. Mi-a rămas în minte felul "obraznic" în care se bombează crupele localnicilor înapoi, când te uiţi la ei din profil. La început am crezut că e doar o iluzie optică şi mi-am închipuit că am de-a face cu cazuri izolate, pentru că îmi închipui că e incomod pentru şira spinării să stea torsionată aşa nenatural. În termeni medicali, lordoză sau scolioză. Cu timpul am realizat că e o caracteristică generală; pană şi în tablouri sunt redate funduleţele aşa. Am îndrăznit chiar să întreb o vânzătoare dacă nu cumva e dorită şi culivată intenţionat poziţia asta incomodă, provocată eventual prin cine ştie ce înfăşări îndemânatice ale bebeluşilor, de mici. S-a uitat la mine amuzată şi mi-a replicat că nu e efectul nici unei intervenţii din afară. Poate că e un endemism specific local. Pentru o clipă m-am gândit chiar şi la insulele Galapagos – fireşte fără intenţia de a jigni – căci acolo sau perpetuat ciudăţenii, datorită izolării. Dar am renunţat rapid la explicaţia asta; Bahamas e atât de aproape de "restul lumii" încât nu se poate vorbi despre o "izolare" la modul serios. În fine, e bine când rămân mistere nedezlegate. Se spune că ele ne fac să revenim.

Deşi nu mai ţine de Bahamas, drumul de întoarcere a avut şi el "suişurile şi coborâşurile lui", căci a trebuit să trecem din nou, ca şi la venire, prin furcile caudine ale controlului vamal din aeroportul de la Miami, să stăm la coadă pentru formalităţile absurde de emigrare, să mai lăsăm odată amprentele noastre, să ni se mai facă încă odată fotografii fără să fim întrebaţi, şi, peste un sfert de oră, să stăm iar la coadă pentru formalităţile de ieşire din SUA, cu tevadura asemănătoare. Când te gândeşti că, de fapt, noi nici n-aveam de gând să intrăm în Statele Unite! Dar mă rog, acordăm circumstanţe atenuante şi chiar ne bucurăm că, în felul ăsta complicat, avem măcar iluzia că am fi apăraţi de eventuali terorişti dornici să ne arunce în aer. Momentan America nu e deloc primitoare, se simte că e pur şi simplu o ţară în plin război. La ducere m-au scos din rând tocmai pe mine, felicitându-mă că sunt "aleasa" calculatorului pentru o cercetare corporală mai amănuntită, mi-au luat probe de "miros" din pantofi, din geantă, si de sub braţ. La întoarcere i-au controlat, măsurat şi cântărit soţului meu cupa câştigată în competiţie, nu care cumva să fie făcută din droguri presate.

La banda de cercetat bagajele de pe aeroportul Charles de Gaulle din Paris am dat peste un francez bine dispus care, nici una nici două, ne-a luat trofeul sportiv din mână glumind: "Ce drăguţ! Pentru mine? Dar nu trebuia să vă deranjaţi!" Iar când ne-am reclamat cupa înapoi, vameşul a pus mâna pe mine, cu tipicul franţuzesc "o lala, l' amour, atunci dă-mi nevasta, ca e oacheşă" etc. etc. etc. În clipa aceea ni s-a luat o piatră de pe inimă şi nu ne-am mai simţit indezirabili. Tot stresul călătoriei ne-a căzut ca un bloc de gheaţă de pe umeri şi am râs amândoi, acum că "am ajuns în sfârşit acasă", chiar dacă de fapt eram de abia în Franţa.

La sfârşit n-a mai contat că bagajele ne-au dat emoţii, întârziind patru zile, lucru explicabil dacă stai să te gândeşti cât de greu ne-a fost nouă să găsim rapid căile cele mai scurte care să ne scoată la liman de prin aeroporte aglomeratele. Suntem acasă iar în camera mică – cea de musafiri - miroase îmbătător a mentă cu mango şi căpşuni cu pepene proaspăt.

„Poartă-te cu oamenii
de parcă ar fi ce-şi doresc ei să fie
şi aşa îi vei ajuta
să devină ceea ce pot fi."
Johann Wolfgang von Goethe

DIASPOREZUL

(reflecţii pe marginea unui articol din revista Dilema,
semnat de Domnul Andrei Pleşu)

Nu numai românul itinerant, ci şi italianul, neamţul, belgianul, englezul, olandezul şi francezul – mă limitez intenţionat la enumerarea naţiilor cu care am de-a face chiar în clipa de faţă în Spania şi pentru care bag mâna în foc – aşadar toţi experimentează dedublarea în afara graniţelor tării. Că poate fi patetică sau ridicolă dedublarea cu pricina, asta depinde de fiecare individ în parte, nu de naţia căreia îi aparţine.

Interesant este că fiecare îşi varsă năduful cu predilecţie asupra conaţionalilor săi. La prima vedere, pare ipocrit cum amicul nostru olandez preferă să ia loc la restaurant în capătul opus mesei la care se vorbeşte limba lui, pe motiv că „sunt foarte puţini olandezi normali pe lumea asta". Ca să nu mai vorbesc de Karin - nemţoaica cu soţ englez – cea care refuză consecvent să vorbească limba germană, pe motiv că „nemţii sunt mereu nemulţumiţi şi cârcotaşi". Greu de contrazis, căci, prin poziţia inflexibilă adversă propriului ei neam, nu face decât să confirme teza criticismului exacerbat. Nu degeaba o alintă propriul ei soţ cu porecla „little Adolf".

Doar la prima vedere sunt aberante dezicerile astea publice, căci, dacă privim mai îndeaproape cazul, e clar că oamenii

51

aceştia trebuie să fi avut un motiv când au plecat în lume şi s-au stabilit în altă parte. Cu alte cuvinte, au fugit de apucăturile de acasă, fără să bage de seamă că, de fapt, ei le poartă şi le distrubuie uniform pe mapamond.

Am făcut introducerea asta cam lungă ca să estompez agresivitatea sentinţei grăbite, potrivit căreia am fi uşor schizofrenici deîndată ce ne stabilim departe de Carpaţi. Faptul că nu numai diaspora română, ci şi cea a altor popoare prezintă un comportament ciudat, îndulceşte din start gravitatea afirmaţiilor. Ar fi absurd să negăm că există un oarecare grad de dedublare; el e chiar necesar; fără el nu ne-am putea adapta în lume. Cu menţiunea că nu e neapărat un „defect" tipic românesc, ci mai degrabă o calitate omenească, în general.

Există trăsături de caracter specifice fiecărei naţiuni, trăsături care ar putea provoca un anumit model de dezechilibru în fiecare din noi, asta e incontestabil. Cu deosebirea că, să-mi fie cu iertare constatarea, un model de bază al „rrromânului", nici până astăzi nu există. Ergo, nici model de dezechilbru tipic românesc nu putem avea. Habar n-am din ce cauză, nu sunt nici istoric nici sociolog de profesie, deşi recunosc că m-ar tenta să fiu de toate, întruchipând prototipul dezechilibratului paranoic universal, atât de universal, încât ar putea defini Omul, ca studiu de caz, indiferent de naţie! Cu asta chiar că i-aş depăsi Domnului Pleşu mai mult decât aşteptările!

În fine, revenim la oile noastre: din cauză că noi, românii, am trăit despărţiţi până nu demult - adică de pe când bunica mea, care mai trăieşte şi astăzi, împlinea doi ani - nu reacţionăm toţi la fel, în circumstanţe identice. Aşa se face că eu, citind despre dilemele Domnului Pleşu, când i se întâmplă să fie în repetate rânduri oaspete peste hotare, nu m-am putut regăsi sub nici o formă în pielea sa. Cum nu m-am putut dumiri nici de sensul întrebării dintr-un mesaj de email primit de la o fostă colegă de facultate: „tu cum ai emigrat?". „Habar n-am, soro! Care emigrare? Ştiu doar că am avut o grămadă de probleme cu coordonarea actelor de căsătorie între ţările noastre de provenienţă şi de şedere. Dar mi-am zis că asta e vina noastră şi le-om răzbi noi cumva, dacă ne-a fost sorocit să făptuim uniunea teutono-latină pe teritoriu maur. Bănuiesc că am avut noroc că nu ne-am întâlnit în Evul Mediu, întâmplător".

Cum să susții că suntem toți la fel, când prietenul cel mai bun al tatălui meu se definea el însuși drept „răgățean", în timp ce amica mea din liceu se bătea cu pumnul în piept după câte o bere, cum că ea e „olteancă", iar „ardeleana de mine" nu s-a sfiit să vândă la nudiști, în Eforie, șlapii aduși din Bulgaria de colegul de facultate, Sergiu, dar n-a ratat niciodată ocazia de a-l taxa usturător sub centură, insistând să-l numească „Serghei", doar pentru că era moldovean?! Ce vreau să spun cu paragraful acesta? Simplu: nu vibrăm toți la fel, nici măcar când suntem singuri printre străini. Unul e sensibil ca un diapazon și aude cum tușesc îngerii (precum Domnul Pleșu, care simte cum i se desprinde un al doilea Eu din coastă); altul e mitocan insensibil, interesat doar să-i danseze mândra senzual pe fundal de manele, iar al treilea e negustor priceput („cât a luat nevasta bacșiș la o masă de patru?"), sau megieș destoinic („eu sap de aicea până aicea, și dacă mă prinde gaia, am asigurare medicală).

Deunăzi eram la cumpărături împreună cu o prietenă, tot româncă. Auzind cum discutăm, vanzătoarea - o blondă superbă - ne-a intrat în vorbă și ne-a declarat că e olandeză, logodită cu un roman harnic, arătos și destoinic („probabil ardelean" - mi-am gândit eu în barbă; „mai mult ca sigur, bucureștean de-al meu" și-o fi șoptit însoțitoarea mea în gând). Oricât de greu ne vine să credem, noi românii avem o imagine în străinătate mai bună decât ne-am aștepta. Ni s-a dus vestea cum că am fi harnici, docili și modești, un rol destul de incolor în istorie, dar practic. Bineînțeles excludem bandele de tâlhari, falsificatori și proxeneți, cu care dealtfel nu cultivă nimeni relații directe, așa că nu dispunem de dovezi concrete sau de surse de informații solide despre eventualele conflicte în plan psihologic cu care au de luptat subiecții respectivi. În concluzie, abundă exemplele de români bine integrați în occident, oameni cu scaun la cap și cu echilibru emoțional incontestabil, cu familii respectate și cu cariere exemplare. Nimeni nu ne tratează drept „oameni de mâna a doua" şi nici noi n-avem interes să ne autoflagelăm cu conflicte emoţionale risipitoare de energie.

Ca mai tot ce se întâmplă în lume, fenomenul adaptării la nou e şi el dominat de mecanismul cauză-efect. Din moment ce viaţa noastră în diasporă nu e neapărat scena zilnică a luptei acerbe pentru supravieţuire şi cu atât mai puţin o pistă a continuei competiţii capitaliste pentru trofeul supremaţiei („cauza"), nici egoul nostru nu are motiv s-o ia razna şi să se chinuie cu veşnice dileme de autodefinire („efectul"). Admit că e lăudabil efortul intelectual pentru a afla cine suntem şi în ce măsură ne confundăm cu ţara de origine, până la ce punct preluăm valorile patriei de adopţie şi cum intervenim în peisajul actual al lumii, fără să părem deplasaţi.

Din păcate, nu intelectul e cel care face ordine în dulapul nostru cu simţăminte; indiferent de voinţa noastră, absorbim şi prelucrăm în plan emoţional trăiri disipate şi după o vreme ajungem să ne definim mai mult prin „ţicnelile" individuale decât prin „modele naţionale tipice". Pentru cine n-a atins încă stadiul acesta de relativă stabilizare a persoanei sale, e evident că se află încă pe drumul într-acolo şi probabil că mai are de mers.

Până la un anumit punct, paranoia e în fiecare om. Câtă vreme nu trece la cârmă, rămâne o reacţie firească de autoapărare, un mecanism sănătos care ne fereşte de mai rău. Singura cale de a depăşi stadiul incomod al întrebărilor fără răspuns e căutarea încăpăţânată, baia şi mai adâncă în masa de oameni şi de culturi noi, călătoria în diversitate, ascultatul de ştiri şi la spanioli, la italieni sau la polonezi, schimbul de idei cu Canada pâna la însângerarea degetelor pe tastatură, o aruncătură de privire în Univers mai departe de Ceaţa lui Orion. Cu puţin noroc, privirea se limpezeşte brusc, că la trecerea unei imagini din plan bidmensional în tridimensional, lăsând loc revelaţiei că avem de-a face cu un univers în fiecare om şi nu cu un om universal, bun la dezşurubat ambiţiile mărunte ale oricărui popor, ca o cheie universală.

Va spune Domnul Pleşu că, în ciuda tonului meu polemic, noi doi suntem de fapt de aceeaşi părere, cum bine remarca în alt eseu: *"Când cineva trece printr-o asemenea criză, de vină e, în primul rând, umoarea proprie. Te poţi acuza că ai consimţit în prea mare măsură imediatului, că nu ştii să-ţi dozezi timpul şi afectele, că nu mai deosebeşti între esenţial şi accesoriu, că, în sfârşit, ai scos din calculul zilnic valorile zenitale."*

Oare îi serveşte la ceva dacă îi spun că nu e singur şi că, în ciuda aparenţelor, ieşirea din criză nu e nici pe departe aşa de anevoioasă cum şi-o imaginează, zicând că trebuie "să ne dăm seama de gravitatea primejdiei"?

Marile soluţii vin singure, pe neaşteptate şi uneori au răbdare cu noi; la nevoie apar în repetate rânduri, până ne prind odată cu ochii deschişi. Uneori se furişează camuflate atât de bine, încât nici nu le observăm decât după ce şi-au făcut datoria şi ne-au scos din impas.

Revin asupra articolului Domniei Sale, intitulat „Românul în diasporă" şi conchid:

E remarcabil cum, pornind de la observaţii bazate pe propria persoană:

„Nu te poţi abţine să asumi pînă la capăt noutatea în care te afli, dar nu poţi să te desprinzi de aromele autohtone, de zvonurile spectrale de-acasă."

generalizând şi trecând apoi în revistă, cu vădită distanţare, portretul-robot al unui ipotetic diasporez "made in hell"

„Dacă sînt credincioşi, au de străbătut, interior, infernul însuşi. Căci trebuie să împace orgoliul cu smerenia, să adopte teoria iubirii pe un fond de ură smintitoare, care le otrăveşte fiecare clipă. Lor şi celor din jur. Supăraţi (simultan sau alternativ) şi pe conaţionali, şi pe "străini", intoxicaţi de frustrări şi ambiţii de nedomesticit, cînd căţăraţi pe cai mari, cînd înnoroiţi în afecte tulburi, deprimaţi, îndîrjiţi, oamenii aceştia sînt o emblemă a nefericirii."

autorul articolului atinge în doi paşi şi trei mişcări stadiul tolerant-mărinimos al judecătorului lucid, păstrător al reţetei miraculoase, cu speranţe de autoînsănătoşire (nu ca alţii, care s-au îmbolnăvit probabil pe viaţă, cei „plecaţi" definitiv!).

Şi de aici, concluzia doctă: „*Sînt pentru două luni la Berlin şi nu sînt scutit, la rîndul meu, de o formă (minoră sper) de schizofrenie.*"

Ehehei, stimati zmei! De-ar fi toate aşa de simple pe lumea asta…

*"Sunt pesimist pentru prezent,
dar optimist cu viitorul."*
Wilhelm Busch

SILVANA, PRIETENA MEA

Are capul pe umeri, Silvana noastră. Ea e la a doua *facultate* şi ştie ce vrea. Mâine are un examen important. De la o vreme încoace, berbecul de la bancă îi mănâncă zilele. Din cauza lui n-a avut vreme să se pregătească temeinic pentru examen. Era neapărat nevoie de ea ca să traducă materialele din germană? Nu. De parcă pentru aşa ceva au angajat-o! În loc să angajeze, cu *bani* puţini, pe cineva potrivit pentru jobul ăsta simplu.

Bani a cerut Marcel azi dimineaţă, când a sunat. Zicea că dacă nu-i dă, se duce pe capul mamei şi tatei. De ce oare s-a nimerit sa aiba ea aşa un frate leneş şi inconştient? S-au întâlnit în staţia de *metrou* şi i-a dat ceva. Amânat nu înseamnă rezolvat. Dar orişicât.

Cu *metroul* a circulat azi pentru că de dimineaţă a găsit parbrizul Daciei spart. Probabil s-au jucat copii pe stradă şi au aruncat cu pietre. Noroc că tatăl Silvanei e săritor şi descurcăreţ; a luat maşina şi i-a făcut deja rost de alt pabriz! Mâine dimineaţă, Silvana va găsi maşina parcată la locul ei, în faţa blocului, cu parbrizul nou. Nu ştie ce s-ar face fără *tata*.

Şi fără mama. Azi iar i-a adus salată de vinete şi a făcut curat în toata casa, în timp ce Silvana a muncit la *cinci mâini* la birou. Nu că ar fi ea mare, casa: un apartament de bloc, cu 40 de metri pătraţi, nu cine ştie ce. Dar Silvana n-are timp nici să moară.

Cele „*cinci mâini*" i-au crescut în ultimii trei ani, de când s-a hotărât să nu mai accepte munci sub calificarea ei. Vorbeşte concomitent în trei limbi la telefon, semnează în acelaşi timp cereri şi contracte, formulează mesaje pe calculator, elaborează statistici şi analize pentru şefi, urmăreşte transporturile în vamă, rata de shimb, cash flow-ul şi câte şi mai câte! Nu era mai bine înainte, ca „asistentă" – adică, pe româneşte, secretară - măcar n-avea răspundere! Acum are mâini sprintene. Doar când vine salariul, rămâne într-un deget. Restul de degete i le împrumută colegului ei, cel trimis din partea firmei–mamă, austriacul. Lui îi trebuie multe *degete*, ca să ia banii, cei mulţi, pentru că a acceptat să lucreze într-o „ţară cu risc". El cu banii, ea cu munca, c-aşa e la noi... Dar fără el n-ar veni firma încoace, la noi, la România. Să zicem Danke!

La un *deget* s-a tăiat Silvana adineaori, când a vrut în graba mare să-şi taie o felie de pâine, cu ochii aţintiţi la pagina 53 din manualul de Marketing. Se presupune că a trecut prin materie de cel puţin *trei ori*, dacă vrea să ia notă de trecere la examenul de mâine. Cartea are patru sute de pagini.

De *trei ori* a încercat să sune azi la facultate ca s-o întrebe pe Doamna Secretară Şefă dacă o poate programa mai târziu la oral, pentru că vrea să dea întâi o fugă până-n vamă. Se pare că în toate trei ocaziile, Doamna Secretară Şefă tocmai ieşise în pauza de *cafea*.

Cafeaua scoate un abur îmbietor. E şase dimineaţa şi Silvana a citit toată noaptea. A trecut o dată şi jumătate prin materie. Apoi un duş alternativ cald/rece, şi cafeaua. Care o va pune pe picioare. Silvana are cearcăne, dar poate cu ele să aibă noroc. Să facă impresie. O sa treacă şi examenul ăsta; totul e să se adune, să se controleze şi să se concentreze la *timp*.

Timp nu mai e mult. Până la facultate sunt trei kilometri. Afară ninge, dar e plăcut. Zapada e încă moale; nu vor fi probleme la pornit maşina. E cazul să coboare şi să încălzească motorul, ca să dezgheţe parbrizul. Parbrizul ăsta nou e aşa de curat de parcă nici n-ar fi acolo. Abia acum realizează Silvana cât de „obosit" era cel vechi. Noul e de o transparenţă perfectă. În maşină e frig, bancheta e umedă. Ninge înăuntru, prin parbrizul cel nou care...nu e. Se vede treaba că şmecherii i l-au spart ieri intenţionat, ca să-şi pună ea unul nou iar ei să-l fure apoi pe cel *nou-nouţ*. L-au fixat probabil cu două ventuze mari şi au desfăcut chederul din jur. Aşa a auzit Silvana că operează profesioniştii. Trebuie să fi fost mâna lor, pentru că nu e nici urmă de cioburi pe jos. Lucrează curat, băieţii noştri! Îi vine să plângă. Dar n-are timp.

Nou-nouţ e şalul pe care îl scoate Silvana din geanta ei mare şi pătrată, de manageriţă la început de carieră. „Centrul geografic al iadului este situat în geanta unei femei" – îi fulgeră un citat celebru prin minte. E bine să ai mereu un şal la îndemână, pe lângă pix şi ruj, şi agendă şi ochelari de soare şi potofel şi şi.... Cu şalul pe cap şi cu ochelarii de soare pe ochi, deşi e încă destul de întuneric, Silvana demarează spre *semafor*.

La *semafor* şade, apatic, Gicu. Azi are zi de lucru; îşi face de lucru pe la parbrizele maşinilor, cu un burete şi cu o sticlă de Coca-Cola, umplută cu apă şi detergent. În zilele de ne-lucru şade lângă semafor cu un picior îndoit sub el, ca şi când l-ar avea amputat, şi cerşeşte. Gicu e o fire optimistă; aşa fără rost cum pare viaţa lui solitară, copilul îşi cunoaşte muşteriii şi se simte ca peştele în apă, legând vorba cu ei la semafor. Strada e casa lui. De obicei primeşte mărunţiş şi de la Silvana. Dar azi e atât de devreme! Amândoi sunt absorbiţi de gândurile lor, amândoi privesc în gol drept înainte, ca două jucării *automate*.

Automat e gestul cu care ridică Gicu sticla de plastic şi împroaşcă un jet de apă cu dero în direcţia parbrizului Silvanei. Apa face spume pe ochelarii de soare marca Ray Ban şi pe şalul scump, cumpărat la Viena pe Maria-Hilfer-Strasse. Pe obrajii Silvanei se amestecă leşia cu fulgii de zăpadă, pe jumătate topiţi. Şi cu câteva lacrimi. Semaforul schimbă pe verde. Undeva în spate rămâne râsul răutăcios al copilului. Miroase a curat şi a *iarnă*. Silvana recită în gând. Versuri de Marin Sorescu:

„Mi s-a pus un junghi în norul de pe cer
Pe care până atunci nici nu-l observasem
Şi mă trezesc în fiecare dimineaţă
Cu o senzaţie de iarnă."

„Iarna... Iar-na. *Iar n-am* sunat la tata să-i spun ce mai e nou. Să-i spun că mi-au furat parbrizul!” – se agaţă Silvana de-un gând ca să uite necazul. Oare o să primească altul pe gratis dacă ăsta era instalat doar de ieri? „Nu cred că funcţionează sistemul pe garanţie” – îşi zice în sinea ei. Mai degrabă apelează la vecinul care a avut aceeaşi problemă luna trecută (ca să vezi!) şi s-a „rezolvat” la jumătate de preţ, cu un parbriz la mâna a doua, care arată ca nou. Sigur a păstrat telefonul „furnizorului” cu pricina. „Probabil că-mi vor livra propriul meu parbriz înapoi”- constată Silvana neputincioasă. Data viitoare am să-mi zgârii numele într-un colţ, pentru orice eventualitate. Aşa măcar să-l pot recunoaşte dacă mi-l fură.

Silvana P. parchează la stradă. Nu mai încuie portiera. Ce sens are, dacă tot ninge înăuntru? Aleargă spre a doua *facultate*.

„Un sfat bun îl transmit întotdeauna mai departe.
E singurul lucru pe care îl poți face cu el.”
Oscar Wilde

OMUL DE BINE

Pun pariu că, deși nu ne cunoaștem, avem o cunoștință comună. Vă dau câteva exemple, ca să vedem dacă o recunoașteți:

După îndelungă cumpănire în fața raftului alimentarei, vă hotărâți într-un final pentru un anumit produs. Întindeți mâna să-l luați, când din spate se aude o voce: ”nu v-aș sfătui să optați pentru brânza asta!”

sau

Sunteți invitați acasă la cunoștințe. Toată seara ați ascultat răbdător comentarii despre un autor la modă, care, de fapt, vă lasă rece, dar ați aprobat politicos dând din cap, ca să nu supărați pe nimeni. La plecare, gazda vă trage deoparte în dosul ușii și vă strecoară ultima apariție editorială a scriitorului în cauză, cu rugămintea să i-o înapoiați peste o săptămână și să-i spuneți ce părere v-a lasat lectura (!?).

sau

V-ați refugiat în toaleta restaurantului, cu intenția de a vă clăti discret gura după desertul cu ananas, care are prostul obicei de a vă provoca reacții alergice și uneori herpes. În spatele Dumneavoastră, alt oaspete vă observă ca din întâmplare și nu se lasă până nu vă obligă să înghițiți două pastile de bicarbonat de sodiu, garantat contra acidității la stomac („care aciditate?”).

sau

În plină desfășurare de partidă de tenis la dublu, constatați că nu sunteți în formă bună, așa ca vă străduiți să vă concentrați cât mai bine, combătând pe cât posibil sistematic cauzele, cu calm. Partenerul, în loc să treacă elegant cu vederea micile scăpări, nu pierde nici o ocazie pentru a puncta cu aplomb mărinimos exagerat greșelile și vă somează în continuu să nu vă enervați, căci astea se poate întâmplă oricui. În urma repetatelor intervenții „împăciuitoare", reușește să vă scoată într-atât de tare din mână încât nu mai faceți decât gafe, lucru care vă enervează și mai tare și va aruncă într-un cerc vicios (poate tocmai ca să nu-l dezamăgiți).

Avem de-a face cu unul și acelasi tip de individ: omul care ne vrea binele. Și de mult ce ni-l vrea, ne aduce în paradoxala situație de a ne asfixia, cu binele lui cu tot. În cele mai frecvente cazuri, efectul sfaturilor lui este dezastruos, contrar așteptărilor sau, în cel mai bun caz, egal cu zero.

Ca să te ferești de el, e util să-l poți detecta cât mai rapid. E un tip „generos" și „dezinteresat" (distribuie sfaturi fără să aștepte o recomensă); sociabil si comunicativ (se bagă unde nu-i fierbe oala, vorbește neinvitat, n-are rețineri față de necunoscuți); e un tip practic (gândește dupa modelul empiric: „orice problemă are o soluție, în speță una și bună, cea pe care o cunosc doar eu"); dispune de o doză sănătoasă de încredere în sine („dacă îmi dau eu cu părerea, e musai să fiu ascultat").

Odată ce l-am recunoscut, n-ar strica să știm cum arată opusul lui, omul ale cărui sfaturi merită urmate. Nimic mai simplu: inversăm „calitățile omului care ne vrea binele". În loc de generos, să fie zgârcit cu sfaturile. Căci acela care are o părere exactă, unică, pe o temă, oricare ar fi aceea, e din capul locului suspect. Numai o minte îngustă concepe o singură soluție. Căutăm așadar un laconic care nu e sigur de nimic.

Dacă primul părea dezinteresat, al nostru trebuie să ceară ceva în schimbul sfatului său. Cu excepția șarlatanilor, mai toți cei care cer bani pentru ceva, oferă la schimb o marfă cu o valoare cât de insignifiantă ar fi ea, altfel nu s-ar vinde. Asa și în cazul nostru: dacă cineva cere bani pentru o consultaţie, o face pentru că ştie că valorează ceva.

Omul nostru trebuie să fie introvertit şi singuratic. Dacă reuşim să extragem dintr-un asemenea tip un sfat, înseamnă că o fi ceva de capul lui, altfel nu trecea barierele naturale ale muţeniei care-l caracterizează pe emiţător. Bineînţeles că există teoretic şansa ca sfatul să fie prost, în ciuda „sitei" prin care a trecut, dar măcar ştim că a fost purecat şi cântărit pe îndelete.

Una peste alta, abstractizat, opusul omului care ne vrea binele, cel pe care vrem să-l evităm, este, nici mai mult nici mai puţin, omul care ne vrea răul. Dar staţi puţin! Păi aşa, din lac în puţ? Şi apoi, cum să-i deosebeşti, că doar nu stă scris pe fruntea lor „om de bine" sau „om de rău".

Metoda cea mai sigură de a te feri de necazuri şi de dureri de cap este să nu asculţi de sfaturile nimănui. Mottoul e cunoscut: „Nu-mi daţi sfaturi! Ştiu şi singur cum să greşesc."

Aşa că vă dau un sfat: nu ascultaţi de sfaturile nimănui. Pe bune, v-o zic pentru că vă vreau binele...

„Oh! Lucrurile cum vorbesc,
Şi-n pace nu vor să te lase:
Bronz, catifea, lemn sau mătase,
Prin grai aproape omenesc.
Alexandru Macedonski,
„Rondelul lucrurilor"

SECOND HAND

Când vin vremurile grele, ies la iveală trăsături pe care nici măcar noi înşine nu ni le cunoaştem. Spre exemplu, fireasca şi banala acţiune de a cumpăra îmbrăcăminte poate îmbrăca forme noi: nu ne mai imaginăm spontan cu marfa în mână, mirosind a nou şi a curat, nu ne mai vedem probând şi căutând prin rafturi, printre umeraşe, după ceva care să ni se potrivească la stil şi la buzunar. Nu şi când e restrişte. Atunci s-ar putea să se trezească în noi dorinţa de a cotrobăi febril într-o ladă cu cârpe prăfuite.

Mai nou, o duc bine cei din branşa îmbrăcăminţii de mâna a doua. O patroană de magazin se laudă la TV cu marfa ei second hand „exclusiv exclusivă" şi pomeneşte fără reţineri nume de personalităţi care se numără printre clienţii ei cei mai fideli. Brusc am devenit toţi antirisipă, protectori ai mediului ambiant, toleranţi şi fantastic de sociali, de când nu mai ajung banii pentru toate capriciile. Frumos. Unde mai pui că instinctele atavice de culegători şi de vânători se ascut nemăsurat, odată cu „captura" unui Armani sau chiar a vreunui Chanel!

Dar situaţia nu e aşa de simplă cum pare la prima vedere. Bunăoară, îmi amintesc cum nu la mult timp după eliminarea dictaturii noastre, în Bucureşti au răsărit ca ciupercile magazinele de îmbrăcăminte de mâna a doua. În speţă, vindeau articole sosite oficial ca ajutoare. Cu greu am reuşit pe atunci să-mi conving o prietenă să facem o escapadă într-o astfel de „consignaţie", bineinţeles cu condiţia ca nu care cumva să mă scape vreodată gura faţă de logodnicul ei. Făcând abstracţie de mirosul acrişor, de „vechi", din magazin, ne-a făcut plăcere să cotrobăim printre haine şi chiar am cumpărat câte ceva, lucruri în stare bună, la un preţ mărunt. Aceleaşi haine, dar cumpărate la preţul real (pe care oricum nu ni l-am fi putut permite), într-un magazin normal, ne-ar fi provocat probabil un duş grozav de adrenalină. Sunt convinsă că atunci ne-am fi simţit obligate să le purtăm cât mai des, ca să amortizăm banii investiţi. Aşa le-am îngropat undeva în fundul dulapului, şi duse au fost pe vecie, fără mustrări.

Nu e o regulă. Mi se întâmplă adesea să cumpăr sau să primesc drept cadou haine de mâna a doua; unele din ele se transformă chiar în piese preferate. Aşa se face că, printre puţinele lucruri aparent veşnice din dotare se numără un batic cumparat într-o consignaţie din Bucureşti, un sacou elegant din ajutoare, care îmi vine ca turnat (în schimb, fusta corespunzătoare era dublu de largă – de mă întreb cum o fi arătat olandeza care le-a purtat împreună?!), un sweater roz de Benetton de la o prietenă austriacă (căreia îi rămăsese mic acum zece ani!) şi o superbă rochie de gală de la o alta prietenă, care, la rândul ei, nu mai încăpea în ea.

Dacă depăşeşti uşorul discomfort provocat de gândul că ţesătura respectivă a mangâiat candva pielea unei persoane necunoscute, aterizezi cu timpul în extrema cealaltă, ajungând să fii fascinat de cantitatea de istorie inmagazinată în banala cârpă. De te-întrebi apoi, cum naiba de te-a găsit exact pe tine, venindu-ţi ca turnată. E „învelişul" altcuiva sau eşti tu cel care-l umple cu un nou rost? Speculaţiile pot merge până la a crede că haina a colindat lumea căutându-te pe tine.

Cam ca rochia mea de gală, care n-a colindat chiar toată lumea, dar o jumătate din planetă tot a parcurs şi nu se ştie ce-o mai aşteaptă.

Istoria vine cam aşa:

Ca-ntr-o poveste modernă, se făcea că, undeva pe la Cluj, trăia o pereche de tineri căsătoriți, bine situați, ea profesoară iar soțul activist de partid. Și pentru că nu întotdeauna lucrurile se petrec ca-n basme, ea avea un iubit secret, un tip bine, care era securist. Soțul ei nu știa că-l are, firește.

Pentru că până și în astfel de situații, ușor deviate de la firul idilic, basmul se încăpățânează să continue, soțul primește, ca recompensă pentru buna lui purtare în partid, o deplasare în străinătate. Nici mai mult nici mai puțin decât în Statele Unite. Hotărât să ia lumea-n piept și să se întoarcă victorios la turturica lui, soțul pleacă peste ocean.

În grija lor să nu-l lase singur pe acolo, colegii din partid au rugat un amic bun să-l însoțească pas cu pas în călătorie, din umbră, ca să nu i se întâmple vreo năzdrăvănie printre străini.

Cum dracul își bagă coada peste tot - mai ales în poveștile care i se par prea dulcege - agentul secret cu misiunea de a nu-l scăpa din ochi pe soțul voiajor nu era altul decât securistul, prietenul cel mai bun al neveste-si, se înțelege.

Soțul își îndeplinește bine datoria, dar pe măsură ce se apropie data întoarcerii acasă îl cuprinde panica, pentru că nu știe ce cadou potrivit să-i aducă minunatei sale soții. Mai bine zis, știe el prea bine ce i-ar plăcea - o rochie absolut superbă, pe care o vede în fiecare zi în vitrina magazinului de lângă hotelul în care e cazat. Dar nu-i ajunge diurna comunistă pentru așa giuvaer.

Iubitul, neavând altă treabă decât să-l păzească de rele pe bietul om, înregistrează automat pauzele lungi din fața vitrinei cu pricina și, în lipsă de altă ocupație, fabulează și el în gând potrivind rochia de pe manechin pe șoldurile mândrei sale, de care îi e dor. În penultima zi, la trecerea prin dreptul magazinului, soțul înregistrează cu ușurare dispariția rochiei din vitrină și cumpără liniștit un colier. Fericit se întoarce acasă și petrece o primă noapte, din nou alături de ea, povestindu-i cu de-a fir a păr toate peripețiile lui din America.

După un pahar de vin, îi descrie în amănunt rochia visurilor lui. Tinerei neveste i se încețoșează ochii de ciudă că nu i-a

66

adus-o şi blestemă în sinea ei destinul lor de funcţionari pârliţi. Dar, la o adică, nici colierul nu e de ici colo. Se face pace. Ce atâta tura-vura, bine ca s-a întors soţul sănătos acasă. Că restul se rezolvă! Unde mai pui că şi iubitul e din nou prin zonă, proaspăt întors dintr-o misiune secretă („dacă-ţi spun unde am fost, apoi e musai să te omor").

Nu-i de mirare că, a doua zi, la întâlnirea cu iubitul, tânăra cade în extaz la vederea cadoului adus: o rochie superbă, exact aşa cum i-o descrisese soţul. Îi vine perfect, ca pentru ea făcută. Rămâne neconsolată că n-o va putea îmbrăca niciodată. Nu poţi să-ti rişti căsnicia pentru o rochie, oricât de frumoasă ar fi ea.

După un stagiu scurt în dulap, ascunsă cu mare grijă, rochia ia drumul pribegiei şi e vândută unei foste colege de facultate din Bucureşti, ca să fie cât mai departe...

Mulţi ani mai târziu locuiam într-un apartament de bloc, împreună cu o prietenă cu niscai ani mai în vârstă decât mine. Pentru mine, cei zece ani dintre noi erau ca un soclu la care mă uitam în sus. Vedeam lumea capitalei ca pe un caleidoscop periculos de pestriţ, din care prietena mea ştia să citească de parcă ar fi deschis o carte. Venită dintr-un liniştit oraş de provincie, nici prea mic dar nici prea mare, cu vocaţie medievală molcomă – chiar dacă nu era chiar Clujul – eram de-a dreptul şocată de viaţa trepidantă a Bucureştiului. Prin contrast faţă de mine, prietena stăpânea un întreg arsenal de cunoştinte, experienţe şi explicaţii menite să-mi reveleze pe zi ce trece dedesupturile mozaicului care ne înconjura, ca pe soluţii matematice ale unor ecuaţii complicate. Şi mai avea prietena mea o rochie superbă, despre care ştia să povestească cu lux de amănunte o poveste incredibilă. O rochie cu o poveste fantastică. O rochie care n-o mai încăpea...

Pentru a completa imaginea capitalei de pe atunci, trebuie spus că, precum orice sistem aflat în prag de colaps, totul era strident şi exagerat. Anturajul nostru – mai bine zis întreaga societate - era dominat de personaje îndoielnice. Puterea şi bunăstarea se concentrau în mâna activiştilor corupţi, a securiştilor privilegiaţi şi a câtorva comercianţi cu dexterităţi pe sub tejghele. Clasa cea mai nefericită era cea a intelectualilor – adică a noastră – care, spre deosebire de clasa muncitoare, mulțumită cu traiul călâu, avea discernământul necesar pentru a realiza abisul, dar nu dispunea de instrumente pentru a se răzvrăti împotriva stării de fapt. Situația se lăsa manevrată pe muchia suportabilului cu ajutorul unei rețele de sfori pe care le trăgea fiecare după puteri, cât mai discret posibil.

În circul ăsta general și-n regia unui haos cu valorile întoarse pe dos, omul de bine blestema sistemul nedrept și opresiunea văduvitoare de demnitate elementară, dar același individ se considera printre norocoși dacă poseda în agendă telefoanele câtorva diplomați străini (o cutie de ness, un săpun „Lux", un Kent – țigară medicinală, pentru medici - un garaj...), un securist-doi, acolo, pentru o pilă sau o informație semisecretă, un șef de restaurant samdp. Într-o astfel de lume, simpla posesie a unui bun de proveniență occidentală îl putea propulsa pe posesor pe culmile succesului sau, după caz, îl putea distruge pe viață. Dacă obiectul cu pricina era mai mult decât o cutie goală de țigări și mai venea și de departe, de peste ocean, avea toate șansele să schimbe câteva destine.

Nu e deci de mirare că prietena mea nutrea sentimente contradictorii pentru rochia ei superbă, de satin negru, cu căptușeală vaporoasă, cu decolteul măiestrit împletit între sâni și cu umerii goi, care plutea imponderabil în jurul genunchilor. Pe scurt „rochia din America". Un vis de rochie, până și pentru o cetățeană bine situată, din cel mai dușmănos occident capitalist, darămite pentru o profesoară dintr-o țară modestă, în curs de dezvoltare!

Lăsând la o parte faptul că ocaziile pentru îmbrăcatul unei asemenea rochii erau practic inexistente în lumea noastră, rochia mai avea și marele dezavantaj că de mult n-o mai încapea pe trupeșa posesoare.

Așa a vrut Dumnezeu să mi se potriveasca mie rochia buclucașă, pe care am obținut-o după o serie de tatonări și care mai târziu mi-a adus admirație în cateva ocazii festive. Poate doar Mona Lisa sa fi zâmbit mai ambiguu decât mine, când răspundeam evaziv întrebării „de unde o ai?". Mai rar aşa podoabă!

Haosul poate crea istorii fascinante, mult mai doldora de tâlc decât câte un roman bine gândit, cu prolog, intrigă, deznodământ şi epilog. S-ar putea ca peste ani, povestea rochiei mele de gală să fie pe alocuri mai palpitantă decât curriculumul vieţii mele complete.

Acum a sosit timpul s-o dau mai departe. Oare rochia mea o avea vocaţie universală?

„Cadourile întreţin prietenia."
proverb german

CADOURI

Ne bucurăm toţi le fel când primim cadouri? Ce nevoie are românul de cadouri? Păi n-are! Românul nu e milog, chiar dacă nu prea are de niciunele, şi nu e nici sărac, dacă e să ne luăm după ce spune. Asa că, ce nevoie are de cadouri?

În ciuda aparenţelor, ne încăpăţânăm să pan-transportăm bagaje pline de surprize de fiecare dată când călătorim acasă, în România. Căci una e ce zicem şi alta e ce facem.

E greu, e tare greu! Ori de câte ori o întrebăm pe mama ce să-i aducem, răspunde invariabil că nu vrea nimic, pentru că are de toate, doar sănătate dacă i-ar putea da Domnul cât mai multă! Tata la fel, ce să mai vorbim.

Cumpărăm aşadar tot ce credem ca le-ar putea face plăcere şi tremurăm cu speranţa că obiectul cu pricina doar-doar nu va sfârşi undeva, uitat prin vreun colţ. Ce atâtea răzători electrice sofisticate, care trebuie montate înainte de folosire, respectiv demontate, spălate, clătite, şterse şi depozitate la loc după utilizare?! Dar ce, răzătoarea manuală nu e la fel de bună? Vorba tatei, când se strică „pompa hidrofoare" din pivniţă: "nu era mai bine înainte, cu cumpăna de la fântână?..." Iar eu îi răspund invariabil că nu e nici o diferenţă: te poţi baza pe pompă la fel de bine ca şi pe cumpăna de la fântână. E consecventă: garantat se defectează, cu precădere fix in seara de Ajun, căci nu degeaba vin apoi Dumnezei şi Paşti...

Cu Whisky-ul scump, alt cadou inutil, nici nu merită să ne răcim gura. Nu face faţă comparaţiei cu o ţuică adevărată de casă de-a noastră: nnnici nu te doare ccapul a ddoua zi, nnici nu

70

vorbeşti prostii, dddoar ddacă vrrrei să te ridici de la masssă şi să mergi la toaletă, e mai grreu sssă fleehxezi ggenuchiii...

Să ne înţelegem: nu suntem nici zgârciţi, nici economi. Ba din contră, tocmai aici e problema. Nimic nu egalează bucuria întipărită pe feţele celor dragi când îi răsfăţăm cu câte un cadou nimerit, acum după ce „ne-am ajuns". Problema e ce dai şi cui? Când nu poţi aduce cadouri pentru toată strada, unde te opreşti? Nu primeşte vecinul la fel ca Tata Mare, sau ca îndrumătorul de la doctorat, nu?

Pentru că tot suntem în prag de Sărbători, m-am gândit că n-ar stica o privire mai atentă asupra unui punct atât de nimerit si de nevralgic. Mai ales când e privit dinafară, de la distanţe considerabile, chiar intercontinentale s-ar putea spune... Cadourile: un punct numai bun de pus la punct.

Îndeosebi România e ideală pentru „studiul de caz" al cadoului. Unde altundeva găseşti atâta temenea balcanică, înfrăţită cu linguşitoarea vorbă dulce a „micii atenţii", amică bună cu caragialescul falset al lui „vai, dar nu trebuia..", îndulcită cu masca buneicuviinţe din dosul creştinescului „sănătate să fie, că restul vine el cumva", soră bună cu indiferenţa mimat altruistă din „să fie primit"?

Da´ chiar, ar zice unii, unde e problema? Adu´ vere cât poţi, că n-oi zice nu! Că vorba ceea, nu s-o dezice acum şi diaspora de propriul ei trecut, ornat de sacoşe pline cu haine din ajutoare! Ca să nu mai pomenim contribuţiile benevole şi entuziaste la fondul clasei, pentru învăţătoarea pe care oricum o veneram, „ca să primească si ea acolo un serviciu de cafea sau niste pahare de cristal de Mediaş la incheierea anului şcolar!" Şi câte şi mai câte...

Dar să nu pierdem firul, că oricum spaţiul e strâmt si măsurat. Pornisem de la întrebarea: ce anume dăm **noi**, ca să ne deosebim de restul lumii (să ne ţină minte) dar, paradoxal, în acelaşi timp şi ca să nu ieşim din modelele clasice, adică să nu facem gafe. Pentru că – hai să recunoaştem - situaţia e delicată.

Statutul nostru special de „român din lumea largă" ne favorizează; avem acces la o ofertă infinită în raport cu piaţa modestă de acasă. Başca faptul că acum dispunem de un buget mai amplu. Bineînțeles cu condiția să vrem să-l jertfim pe altarul unei eventuale orgii cadoristice. Dar nu-mi fac griji, căci românul e darnic de fel.

Din păcate, aceleași circumstanțe au și unele neajunsuri: departe de patrie și de evoluția pieței locale, pierdem noțiunea valorilor existente la fața locului și riscăm să oferim ceva fatalmente nepotrivit. Dacă pe vremuri un parfum „Lux" nu putea fi scos din competiție decât eventual de un pachet de Kent, în zilele noastre te poti trezi oricând cu replica ofuscată: „ce-mi cumperi săpun? Insinuezi cumva că sunt un nespălat?!"

Daca iei ceva scump, ești tratat drept fandosit cu aere, care „vrea să ne scoată acum ochii cu câți bani are, de parcă asta e totul. Avem și noi bogații noștri, și încă ce bogați; să se uite ei doar la cifrele de vânzări ale mașinilor scumpe și-o să vadă că la Mercedes și BMW conduc pe plan mondial Rusia și România, ca două făclii în noapte..."

Dacă, în schimb, oferi ceva clasic-fără-de-moarte, ți se reproșează că ești înțepenit în modele învechite, că nici măcar occidentul nu te-a putut trezi din letargie, că ești demodat și lipsit de elan tineresc. Într-un cuvânt, umbli cu vechituri, probabil pe mai nimic, de la anticariat.

Ferească Sfântul să aduci ceva ieftin, că te trezești pocnit din senin cu dispreț, adicătelea „uite cât ii suntem noi valabili, așa de proști ne crede încât să nu știm cât valorează cadoul lui meschin; cinci bani găuriți, că mai mult mărunt n-a avut în buzunar la chioșcul de ziare din aeroport, înainte de a veni încoace, ne-a mai luat la toți câte o bomboabă Kojac, că´ oricum nu valorăm mai mult în ochii lui!" Așa am pățit eu cu niște batice din mătase artificială imprimate cu motive de Miró sau Picasso (aoleu, se zice batice sau baticuri? – Doamne cum mai uităm când suntem plecați de-acasă!) Am oferit aparentele chilipiruri mamelor prietenelor mele din București. Bucuria lor a fost neștirbită, chiar dacă în ziua următoare am constatat cu stupoare că tarabele de kitch din capitală expuneau cu nerușinare exact aceeaşi marfă la un preţ incredibil de mic. Lucrul ăsta mă face şi azi să roşesc. Dar pas´ de prinde orbul şi scoate-i ochii!...

Şi invers, un banal borcan cu ierburi deshidratate pentru aromatizat bucatele e primit cu mai multă bucurie decât un ceas elegant cu două diamante (e drept, foarte mici sub aspectul caratelor, dar orişicât, diamante). De te-întrebi disperat - nu fără motiv – ce Doamne-ajută să mai cumperi ca să fii pe gustul tuturor?

Dacă iei ceva care tocmai e la moda în vest, ţi se reproşează că te dai mare, vrei să scoţi ochii, umbli cu sofisticărisme. Pe şleau spus, nici n-ai ieşit bine din ţară că deja vrei să dai lecţii şi să indici direcţia de mers.

Măsura bucuriei cu care e primit un cadou e dată nu numai de cadou în sine ci şi de greutăţile cu care ai avut de luptat ca să-l achiziţionezi. Iar dacă ai ajuns în nefericita situaţie în care se asumă că n-ai greutăţi cu găsirea „acului în carul cu fân", atunci măcar să coste mult, ca să arate că ai făcut un efort, în cazul ăsta de ordin financiar. O verişoară pretenţioasă strâmbă din nas la mai toate. Conform principiului „om fi noi români, dar nu ne entuziasmăm chiar pentru orice fleac", numai extraordinarul e satisfăcător pentru ea. Pentru „cadorisitoarea" de mine e o persoană incomodă, dar o si înţeleg. Cui îi place să primească un ... nimic? Zău că-mi cade greu s-o judec tocmai eu care la rândul meu prefer în locul a zece chilipiruri ieftine, un lucru bun şi de calitate. Aşa că nu să nu fiu ipocrită şi să nu arunc prima cu piatra...

Încă o regulă de aur: nu se pretează pentru cadouri mostrele gratuite sau obiectele primite ca ofertă publicitară! Chiar dacă am auzit că la Bucureşti se cumpără pe bani grei flaconaşele de probă de pe la parfumurile fine, e bine să rezistăm tentaţiei de a pune la încercare ascuţitul simţ de observaţie al celor dragi, care ştiu prea bine să citească chiar şi textele tipărite cu litere mici, indiferent în ce limbă străină ar fi ele („interdit à vendre" etc..) căci românul s-a născut poliglot. E tare neplăcut când cineva descoperă că i-ai făcut un cadou care pentru tine a fost gratuit. E meschin. Măcar cu atât mă pot lăuda după experienţa asta, anume că am învățat să nu subaevaluez nimic, să ofer numai ceva care are și în ochii mei valoare, când vreau să fac un cadou din suflet.

În occident se poartă confecționatul cadourilor din propria mână. Abundă ideile în revistele pentru gospodine, care mai de care mai ingenioase. Pictăm, decupăm, trico- trico- tricoootăm, brodăm, scriem poezii, cântăm etc. Trezim muzele care dorm adânc în noi și creăm ceva pentru cei apropiați. Nimic de zis, așa împușcăm doi iepuri dintr-o singură lovitură. Pe de-o parte reactivăm și controlăm dacă încă mai există aptitudinile geniale care îi făceau așa de mândri pe părinții noștri când eram mici. Pe de altă parte, arătăm apropiaților noștri că mai putem și altceva, că am sacrificat timp și ne-am pus mintea la contribuție, pe scurt ne-am gândit la ei. Oricât ar fi ele de stângace, dovezile noastre de dragoste vor primi garantat aplauze, pentru că nimeni nu se va îndura să ne dezamăgească, chiar dacă, poate, am cântat fals sau am cusut strâmb. Cine știe, poate că în viitor, cândva, cadoul nostru va valora o avere la o licitație care va face lichidă moștenirea postumă a artistului pe care l-am fost fără să știm! Indiferent cum iese socoteala, vă garantez că nimeni nu va crâncni și nu va cerceta stadiul dentiției calului nostru de dar, fie chiar și din simplul motiv că e cam greu să calculezi cât timp („time is money" – nu-i așa?) ne-a costat tricotatul unui pullover. Mult mai greu decât să afli cât a costat, de exemplu, un parfum de gata.

Dar dacă nu comentează nimeni, nu înseamnă automat că le-a și plăcut ce-au primit. Atenție mare! Cine pune într-un coș de răchită niște mere rumene din grădina proprie și le drapează cu un fular tricotat de propriile mâini, poate fi înțeles ca ingenios dar poate la fel de bine să treacă drept zgârcit: „n-a avut bani să cumpere un cadou adevărat?"

Era să zic „ingentivitate" dar m-am corectat la timp, pentru că nu poți numi nici ingenios nici inventiv pe cineva care își cumpără o revistă și, urmând pas cu pas descrierea ilustrată, confecționează un cadou minunat marcă proprie, 100 % lucru manual. Dacă mai pui la socoteală și particularitățile naționale

ale câte unei comunităţi, plus preferinţele speciale ale fiecărui individ în parte, ajungi să orbecăi mai abitir decât Magii în noapte, până l-au găsit pe Isus ca să-i dea odoarele.

Bunăoară mâine seară suntem invitaţi la un cuplu acasă. Gazdele noastre sunt un menaj mixt, ea franţuzoaică şi el olandez. Noi doi, german cu româncă. Cu toţii trăim în Spania. Mie, în calitate de „alma de casa" îmi revine sarcina de a alege „mica atenţie". În traducere, alma de casa înseamnă „gospodină casnică". Luat mot-a-mot, înseamnă de fapt „sufletul casei". Pe româneşte, asta ar fi cam numai „sufletul..."

Revenind la cadou, am ochit deja confecţia ideală, dintr-o revistă cu aranjamente creative de Crăciun. Un ingenios arici comestibil, confecţionat dintr-un bol de brânză moale în care înfigem migdale pe post de ace, respectiv două stafide în loc de ochi. Migdalele sunt spaniole autohtone; rămâne de văzut dacă brânza va fi franţuzească sau olandeză, ca sa nu trezim animozităţi în sânul gazdelor. În acest mod simplu am rezolvat problema multiculturalităţii cadoului nostru!

Lăsând gluma la o parte, hai să fim cinstiţi şi să recunoaştem – oh, blândă uşurare! - că majoritatea celor cu care ne vedem regulat, din proprie initiaţivă, se bucură sincer de revederea noastră şi acordă aspectului cadourilor un rol mai degrabă secundar (chiar dacă nu terţiar, cuaternar şamdp.) Ei şi? Înseamnă asta automat că ne simţim absolviţi de datorie?! Ba bine că nu! Cu cât mai sinceră bucuria celor care ne aşteaptă cu drag, cu atât mai aprig impulsul nostru nestăpânit de a le face o bucurie, una adevărată, neaşteptată şi majoră, cum numai cineva care ne iubeşte aşa dezinteresat merită să primească. Căci şi de-ar exista un singur individ pe lume care ne iubeşte şi fără cadouri, el e probabil întâiul care merită veneraţia noastră!

Ei bine ce facem când e să-l mulţumim? Cum, în afară de ataşamentul nostru necondiţionat şi, din păcate, nematerializabil, nu ne vine nimic în minte care ar putea echivala cât de cât cu sentimentele lui sincere (poate fi şi o „ea", fireşte), nu facem decât să ne concentrăm şi mai tare asupra potenţialului nostru ascuns şi atingem culmi nebănuite ale inventivităţii umane în căutarea cadoului potrivit. Păi ce să facem, Doamne iartă-mă, decât să spunem un „mulțumesc" firesc și normal, fără pretenții false și fără să cântărim recunoștința noastră pe balanța cadourilor?!

În altă ordine de idei, turiștii din nordul Europei cumpără la noi rucsăcei tip patchwork din piele, sombreroruri mexicane (doar pentru că aici se vorbește aceeași limbă ca-n America Centrală?!), fuste înflorate după model hawaian, espadrile comode și ieftine (în Spania nu le spune nimeni așa). Deși calitatea e ireproșabilă, am ajuns să nu cumpăr nimic din chilipirurile astea, de frică să nu mă dau de gol cândva, când persoanele care le-au primit m-ar vizita și ar vedea cât de „accesibile" au fost. Să nu creadă lumea că m-am zgârcit, să nu pară că m-am descotorosit de cineva în treacăt. Căci cu cadourile e o filozofie întreagă pe care, în treacăt fie spus, n-o vom desfășura acum în toată splendoarea ei, având totuși milă de răbdarea Măriilor Voastre!

Goana după cadouri nu e altceva decât o continuă alertă cu teama de eșec; să nu jignim, să nu trezim aversiuni, invidie, ură sau dispreț. Vă mai amintiți întrebarea aparent inofensivă a colegului de bancă după Sărbători: „ce ți-a adus Moșu´?" Nu ne simțeam și pe atunci tentați să mințim, ca să-i trezim invidia?

În preajma Crăciunului rulează adesea un film de succes în care Arnold Schwarzeneger își riscă până și viața pentru a cumpăra ultimul exemplar dintr-un anumit stoc de jucării pentru fiul lui. După lupte seculare care au durat ... un film, îi înmânează mândru fiului său trofeul, dar puștiul îl dă altruist mai departe („dar din dar se face rai", îngerașul!) și-l mai și mustră pe tăticul iubit, conform optimistului motto american „tăticul meu e cel mai mare, jucăria era doar un surogat pe lângă el". Care va sa zică, după mintea mea, numai ceva obținut „cu sudoarea frunții" are șanse să recolteze iubirea și respectul celui vizat. In dubito, de-a fi să optăm iar pentru clasicul fular și cutia cu cornulețe de casă sau pentru un scump dar în definitiv banal parfum la modă, important e că suntem prezenți noi înșine în mijlocul celor dragi şi că împărţim cu ei buna dispoziţie şi preaplinul sufletesc. Cine are ochi, să vadă!

Aşa că, băgaţi de seamă ce şi cum cumpăraţi de Sărbători! Urarea mea pe anul acesta: dă-ne Doamne sclipirea de geniu pentru a găsi cadourile potrivite fiecăruia dintre cei dragi, seninătatea de a trece uşor peste eventualele gafe în alegerea noastră şi banii necesari pentru a ne putea permite luxurile astea două!

Dar ce mă zbat eu atâta cu sfaturile?! Probabil că – după cum îi stă bine românului prevăzător – cadourile sunt deja de mult cumpărate şi ambalate, ascunse bine şi gata pentru a fi etalate la timp sub pom. La anu´ şi la mai mulţi ani!

„Nu există iluzie mai mare
decât credinţa că limba
ar fi un mijloc de comunicare
între oameni."
Elias Canetti

DURA LEX ŞI FIAT LUX

Dacă ne întâmpină cineva cu mottoul de mai sus, nu-i de mirare că ne duce gândul la un nou tip de material plastic (plexiglas?), sau la o marcă de maşină de provenienţă italiană (Fiat). Sau parcă mai era ceva? În cazul în care aveţi bănuiala că ar putea fi vorba despre două citate din limba latină, felicitări! Faceţi parte, dintr-o specie, cam rară din păcate: omul cu noţiuni de latină (rara avis).

De ce „din păcate"? „Ce treabă avem noi cu limbile moarte?" ar zice „realiştii". N-avem destul de furcă cu cele vii? De parcă am poseda un creier cât casa! N-ajunge că înmagazinăm tot felul de cuvinte din lumea calculatoarelor, limbi străine moderne, de care cu adevărat avem nevoie? Mottoul modern se cheamă „simplify your life"; aruncăm peste bord tot balastul inutil!

Ce replică să ai, când copilul vine de la şcoală şi trânteşte plin de obidă manualul de latină, renunţând de bunăvoie la binefacerile unei limbi demodate? Îţi pui problema: „cum să-l convingi să-şi facă temele, când nici tu, la rândul tău, nu vezi la ce i-ar folosi în viaţă?" Oare cum fac alţi părinţi?

În calitate de aspirant la postul de director de departament, te aranjează destul de bine câte un citat în latină. Dacă zici „dura lex, sed lex", deja ai descalificat jumătate din auditoriu, care se precipită probabil în secret asupra dicţionarelor, deîndată ce şedinţa a luat sfârşit. Ba mai mult, aduni puncte pentru viitoarea carieră, mult mai multe decât dacă ai folosi limba engleză, care e drept că e la modă, dar ce folos dacă o vorbeşte toată lumea? Din păcate, argumentul nu e bun ca să convingi progenitura şireată să pună osul la buchisit conjugări.

Mărturisesc că, nici pentru mine, limba latină nu e deloc transparentă. Dacă îmi puneţi în faţă un text original, doar cu mare efort şi făcând apel la analogiile cu alte limbi romanice sau la amintirile palide ale unor proverbe uzuale din franceză, pot intui cât de cât despre ce e vorba, în mare. Cu toate acestea, cu atât mai mare e plăcerea să constaţi că înţelegi măcar ceva. Pe calea asta empirică am înţeles cu timpul că Deo nu înseamnă doar spray, ci poate desemna şi un zeu; la fel Alma, nu e doar un nume de fată, ci înseamnă inimă (ce frumos să te cheme aşa şi ce ruşinos să nu ştii ce înseamnă). Mens e mintea (de aici mental), nihil e nimic (aşa şi nihilist), populi e popor (vezi populist), homo e om, ars precum artist şi morituri ca mortal. Şi aşa mai departe...

Cu cât adâncesc mai mult comparaţia între limbi moarte şi limbi vii, cu atât mai mult constat că nu stă în puterea noastră să decidem care limbă are dreptul să moară şi care merită „să mai stea puţin". De parcă am avea vreun drept să decretăm, când anume şi-a îndeplinit o limbă datoria şi când putem să renunţăm la ea, ca la un pantof uzat! Limbile moarte, ca şi bunicii şi străbunicii, pur şi simplu sunt. Nu pot fi şterse din memorie ulterior, ca fişiere inutile, din simplul fapt că, fără ele, ca şi fără bunici, nici noi nu am exista. E ca si cum ar lipsi din albumul de familie toate fotografiile în care apărem cu bunicii şi cu părinţii noştri. Cum să nu băgăm de seamă că trăim, aşa moderni cum suntem, înconjuraţi de latină (ante-, contra-, non-, extra-, ultra-, meta-, trans-) şi de greacă (geo-, astro-, crono-, demo-, macro-, polit-, termo-, zoo-) etc? Până şi etc-ul e un etcetera latin în miniatură! Sufixele astea ne sunt atât de aproape încât nici nu mai sesizăm că sunt, de fapt, „moarte". Putem concepe o conversaţie fără ele? Al naibii de greu. Păi cum să le desemnăm drept limbi moarte, când ele nu sunt nici măcar limbi străine? Ba mai mult, sunt aproape universale, de vreme ce sufixele şi prefixele astea se regăsesc la fel de bine în italiană şi-n finlandeză, în engleză ca şi-n germană, în poloneză sau în albaneză!

Dacă nu vrem să facem o figură extrem de tristă la un concurs cât o fi el de modern de „cine ştie, câştigă", cultivăm cu smerenie şi cu respect limbile clasice, oricât ar părea ele de „not cool". Va veni o vreme, chiar dacă probabil noi nu-o vom mai prinde, când până şi limba pe care o vorbim acum cu atata vervă va fi „out" („sic transit gloria mundi"). Să cultivăm vederea de ansamblu, câtă vreme ne considerăm un exemplar de „homo sapiens". O fi el greu drumul într-acolo („per aspera ad astra") dar, în cazul în care am ratat până acum ocazia („errare humanum est"), încă mai avem şansa să o recuperăm („carpe diem"). Fireşte, vor fi mulţi cei care ne iau peste picior („vox populi"), dar să nu uităm că sunt câteva lucruri în viaţă (banii?...) fără de care nu se poate („sine qua non"). Până şi forma asta minoră de „ştiinţă" contribuie un pic la completarea noastră („mens sana in corpore sano"). Să facem aşadar să fie măcar puţină lumină („fiat lux").

„quod erat demonstrandum"

„Nu există chin mai mare
decât să porţi în tine
o istorie nepovestită. "
Maya Angelou

„CAZUL" GEORGICĂ

"Bine ai venit printre noi, Georgică! Cu ocazia naşterii tale, îţi urăm din toată inima să ai o viaţă minunată, să fii sănătos şi să asculţi de părinţii tăi grijulii, care te iubesc tare!" Semnează: „cu mult drag, mami şi tati Ionescu."

Avem aici de-a face cu o mostră de anunţ apărut deunăzi într-un ziar local, anunţ care mie îmi provoacă perplexitate. Îmi pun întrebări, inevitabil. Cât de genial trebuie să fie Georgică, dacă – proaspăt născut – citeşte deja ziarul? Dacă-l citeşte, oare va avea bunul simţ să urmeze sfaturile binevoitoare ale părinţilor săi? Dacă nu-l citeşte – ceea ce e foarte probabil – la ce le-a folosit părinţilor lui publicarea anunţului?

Înţeleg, fireşte, că avem de-a face cu întemeiata mândrie a unor părinţi fericiţi. Dar în ce măsură sunt ei mai fericiţi dacă îşi revarsă preaplinul pe căi publicistice, peste un întreg judeţ? Vorba ceea: „ce ghişeft făceau?" Mă întreb dacă întrebările mele vor afla vreodată un răspuns satisfăcător.

„Cazul Georgică" e doar unul dintre numeroasele cazuri de, hai să-i zicem, „comunicare unilaterală", cu care ne confruntăm zilnic, fără s-o fim solicitat. Unele dintre ele sunt atât de savuroase încât, dacă dispar, le simţim lipsa. Spre exemplu: nu mi-a fost uşor să constat deunăzi că administraţia locală a dispus zugrăvirea proaspătă a podului pe care trona de-o veşnicie o delicioasă declaraţie de dragoste în grafitti: „te iubesc, vulpeo!". Sau: ce mă voi face dacă într-o bună zi, când voi vizita din nou muzeul de arheologie, nu voi mai găsi pe interiorul uşii toaletei damelor, scris cu pixul, „Matame Pablito, porque no te puedo olvidar!” („Omoară-mă Pablito, căci nu te pot uita!”), semnat Lucrezia?! Ce vrei mai multă sinceritate şi spirit autentic sută la sută, din rărunchi? Ce păcat că Pablito nu va frecventa niciodată WC-ul de dame de la muzeu! Lucrezia rămâne neconsolată.

Mişcător - nu-i aşa? Omul, aflat în imposibilitatea de a comunica cu cauzatorul neliniştii sale, iniţiază pe cont propriu un dialog cu lumea întreagă, sperând ca pe calea asta ocolită să găsească răspuns la întrebările care-l macină. Poet, ce mai! Bravo celor care nu se dau bătuţi niciodată. În definitiv, sunt niște optimişti.

Bine bine, dar „cu calul ce-aţi avut”? Ce vină avem noi dacă Lucrezia nu recepţionează reciprocitate din partea lui Pablo? Ce vină are podul, de l-au mâzgălit aşa cu vopsea? Ce vină au avut colegii mei de şcoală, Menelau Pop si Anofel Candrea, că părinţii lor au vrut să-i boteze sofisticat? Strigă mut dupa ajutor textele care ne terorizează la tot pasul, create de comici involuntari, copleşiţi de nevoia de a ieşi din anonimat cu orice preţ. Toţi sperăm nemărturisit că suntem deosebiţi, că va veni şi vremea noastră, că ne vom îmbăia într-o bună zi în binemeritata admiraţie a celor din jur, atunci când talentul care mocneşte în noi va ieşi la rampă. Rămâne de clarificat doar un mic detaliu: unde, mai exact în ce domeniu, se ascunde talentul nostru? Fiecare are dexterităţi ieşite din comun; problema e doar cum le detectăm. Ca-n cântecul acela la modă: „am memorie, dar nu ţin minte unde-o ţin”.

Câtă vreme putem, lăsăm urme vizibile ale trecerii noastre prin lume, după posibilităţi, ba strigând cât ne ţine gura, ba înnegrind hârtia, torturând tastatura, scrijelind scoarţa copacilor, în nisipul plajei, pe placa indicatoare de pe vârful Moldoveanu sau – de ce nu? – la nord de Cercul Polar.

Încă o „agresare textuală”: Te plimbi liniştit pe stradă; în faţa ta merge un individ cu un tricou imprimat. Până să te dezmeticeşti, te-ai şi trezit citind ce scrie pe pieptul lui. Ba chiar te grăbeşti să ajungi la capăt înainte să dea colţul, ca să nu pierzi cumva o informație prețioasă de pe spate. Afli probabil că e adeptul unei mărci de băuturi răcoritoare, al muzicii pop sau, dacă ai ghinion și textul e mai lung, tricoul lui îți aduce la cunoștință că acum cinci ani, „mama lui a făcut concediu pe Coasta de Azur și, pentru că-l iubește nespus, i-a adus tricoul de față drept cadou". Observi prea târziu că ți-ai risipit timpul de pomană. Dar parcă poți să te abții? La următorul pas te trezești citind un afiș publicitar sau te miri ce fițuică purtată de vânt.

Dar ce să mai critic pe alții, când chiar eu cad în repetate rânduri în „nevinovata" capcană a benzii de celofan roșu care înconjoară pachetele de zahăr vanilat din vitrina din bucătărie? Invariabil, când mă așez pe scaunul de la fereastră, îmi intră automat în câmpul vizual colțul de vitrină din care mă pândește perfid capcana cu zahărelul. Și încep hipnotizată să citesc ca un automat: 6 plicuri - 6 plicuri – 6 plicuri – 6 plicuri – 6 pli... Ptiu drace, blestemată obsesie!

Oare cu ce își omorau oamenii timpul înainte de inventarea tiparului? Cu siguranță aveau atenția la fel de distributivă ca și noi, încercând să zărească la timp eventualele pericole ascunse prin tufișuri. Aici un mistreț, mai încolo un bizon, la liziera pădurii un urs, sau, cocoțat în măr, vreun șarpe îndemnând la mâncat mere. Ispita e mai veche decât însăși galaxia Gutenberg. Azi, urmașii lui Adam și Eva mătură din priviri cantități imense de informație împrăștiate pe afișuri, firme, pereți, haine, hârtii și ecrane. Strecurăm totul cu grijă, păstrăm ce vrem și ne stoarcem la momentul oportun de informația adecvată. Și asta să ne facă bogați? Cel puțin așa se zice, că cine e informat, e un om bogat. Televizorul meu e un om bogat, asta e cert.

Se spune că ne săpăm mormântul cu dinții (adică murim în funcție de ce și cum mâncăm). O fi, dar eu cred că drumul până acolo e presărat cu „semne de circulație" sub forma textelor de tot felul care ne populează mintea până în cel mai ascuns ungher, indiferent că sunt reclame, instrucțiuni de programat mașina de spălat sau cărți și reviste. Vrea cineva să mă contrazică sau să completeze ceva? Nici o problemă: aștept reacția. Evident curat redactată, sub formă de text.

"Tactul e ceva îngrozitor.
Dacă nu-l ai, toată lumea se scandalizează.
Dacă-l ai, nimeni nu bagă de seamă. "
Shirley MacLaine

SPIRALA CONFESIUNILOR GAFATE

Pe bune, la sincer vorbind, e cineva printre noi care nu a făcut măcar o dată în viață o gafă confesându-se indiscret și regretând amarnic chiar din clipa în care i-a plecat „porumbelul"din gură?

A greși e omenește și nu-i chip să ne înghițim vorbele înapoi, pretinzând că nu ne miroase gura, deși e evident că am mâncat usturoi cu grămada. Nu ne rămâne decât să dăm în continuare ochii cu colegul de liceu care știe - de când cu bairamul de pomină de la majorat - că avem un punct erogen în stanga claviculei. Colega de birou, căreia i-am mărturisit în pauza de masă la cantină că nu-l suportăm pe șef din cauză că seamănă leit cu unchiul care tot încerca să ne bage mâna pe sub fustă. Sau cu prietena căreia i-am șoptit la un pahar de vin că-l suspectăm pe propriul cumnat de homosexualitate pentru că e etern single și preferă parfumurile dulci (i-auzi tu, soro!).

Ce ne facem, după ce ne-a plecat porumbelul din gură? Primul impuls, după o noapte nedormită în care ne-am reproșat într-una blestemata clipă de slăbiciune, e să punem mâna pe telefon și să vorbim deschis cu recepționerul spovedaniei, cerându-i scuze și rugându-l să-și reseteze memoria pe zero, dacă se poate.

Fals! Nimic mai rău decât să-i trezim iar curiozitatea. Dacă după prima indiscreție, gafa mai avea cât de cât șansa să treacă neobservată, la a doua pomenire intră în funcțiune dictonul „repetitio est mater studiorum" și nu facem altceva decât să o fixăm definitiv în memoria interlocutorului atent. Excepție face, bineînțeles, cazul în care vrem deliberat să difuzăm o știre. Atunci facem ca tata - fost director de școală - care, în loc să convoace o ședință cu punerea în temă a cadrelor didactice, îi șoptea în treacăt informația Doamnei de Serviciu, cu rugămintea s-o țină în secret... Metoda e beton garantat!

Revenind la mușcătoarea senzație de regret, eu una prefer să evit să mai aduc în discuție tema nedorită, oricât de greu mi-ar cădea. Rămâne desigur certitudinea amară că de aici înainte, ori de câte ori mă voi vedea cu persoana inițiată în secretele mele intime, ea mă va privi cumva, altfel. Căci, să nu ne facem iluzii, în nouăzeci și nouă la sută din cazuri, amănuntul picant scăpat de noi nu va fi uitat.

Garantez că, ori de câte ori mă văd cu amica mea din Berlin, nu-mi iese din cap iadul prin care trece neîntrerupt de la vârsta de nouă ani, de când, jucându-se cu cordonul perdelei, fratele ei geamăn s-a spânzurat în camera alaturată, fără ca ea să fi băgat măcar de seamă. Mă trec și-acum fiorii și, ajunsă la punctul ăsta, mă întreb dacă n-ar fi fost mai bine pentru toată lumea să nu fiu cunoscut și eu detaliul tragic din trecutul ei. Pun pariu că și ea se întreabă ce-a îmboldit-o să-mi deconspire episodul nefast. Să fi fost nevoia de consolare („lasă că nu ești tu de vină") sau intenția de a-mi trezi interesul („uite, eu sunt din occident, dar am trăit și eu ceva cutremurător")? Sau poate un fel de scuză („poate că uneori îți par stranie, dar explicatia purtării mele e simplă"). Dacă n-o fi fost doar un pahar de vin prea mult. Sau poate că am spus eu ceva care i s-a părut suficient de intim încât să-mi returneze în plan emoțional cu o piesă echivalentă ca încărcătură?

Nu glumesc, atare „schimb de emoții", chiar dacă sună ca un negoț pragmatic, e un fapt recunoscut care stă la baza relațiilor dintre noi. Ba mai mult, schimbul poartă chiar și un nume științific: efectul diadic. Explicația profană e cam în genul „eu mă destăinui ție cam atât cât tu mie". Nici mai mult nici mai puțin. Tu ții distanță, eu rămân rece. Tu ții aproape, eu mă destăinui. As simple as that.

Dezvăluind un mic secret, trezești încrederea celuilalt iar el se simte obligat, la rândul lui, să te inițieze în ceva prețios. Fenomenul poartă numele de efect diadic. Din păcate se poate transforma și într-o spirală necontrolată.

Până unde vorbim și de unde începem să tăcem? Cine ne spune cum să nu fim distanți și reci, dar nici agasanți și indiscreți? Pe mine chiar nu mă interesează ritmul digestiei vecinei mele, dar dacă ea aduce mereu vorba de „numeroasele ei ședinte zilnice pe tron", eu ce să mai zic? Probabil că ar trebui să schimb doar politicos subiectul discuției, în loc să mă prefac interesată. Ar trebui să pun accentul la locul corect pe "nu" în exclamația „nu mai spune!" Ar trebui.

Am crescut într-o lume în care, din multiple motive, tăcerea era de aur. Pe fondul unei familii de țărani exagerat de pudici, altoită cu o generație de tineri intelectuali exaltați și idealiști, forțat cultivată într-un sistem comunist în care limba slobodă avea nemăsurata putere de a marginaliza sau chiar de a condamna la muncă silnică. În mod paradoxal, până și membrii de partid prețuiau discreția, ca un fel de garant al seriozității, cel puțin așa reise din piesele de teatru cu eroi ai muncii socialiste, semnate de agreații de pe atunci. În fapt, cred că tăcerea mai degrabă le venea în întâmpinare, acoperind micile măgării și nepotisme cotidiene pe care le practicau la scară largă.

Mă rog, indiferent de motive, cert este că în materie de comunicativitate, fiecare cetățean din Est trăiește un șoc la primul contact cu Vestul. Eu una am rămas cu gura căscată când, la primul seminar din Viena, în pauzele de țigară se discuta despre boli, comportament sexual ușor deviant, bolnavi psihici în familie și experimente cu droguri. Bineînțeles că am îmbrățișat instantaneu marea „libertate a cuvântului" și am profitat de climatul interuman deschis pentru a prelucra în grup cât mai multe din traumele mele absurde, ascunse până atunci în colțuri secrete din străfundul sufletului. Abia acum aflu că valul „grupurilor de discuții pe roluri" care a caracteriziat ultimii treizeci de ani e o reflecție a experienței traumatizante a războiului din Vietnam, care a provocat ideea generală că trebuie să scuipăm cumva afară răul din noi supunându-l discuției, ca să nu-i dăm ocazia să ne asfixieze din interior.

Între timp nu se mai crede în purificarea prin „supradoză". Se adeverește iar vorba din bătrâni: „dacă lăsăm lucrurile în pace, câteodată ele mai și dispar de la sine".

Între timp, moda stripteasului emoțional bate în retragere, chiar dacă din punct de vedere psihologic Vietnamului i s-a clonat Irakul ca rupt din coastă. Nu se mai poartă chiar în prima linie spălatul rufelor în public. Doar în a doua. Spre ușurarea noastră, a celor din grupul marginalizat al „celor care nu cuvântă", nu mai ești privit ca un à-social dacă te ții retras și cultivi reînviatele reguli ale discreției politicoase.

Bineînțeles, pentru început doar în cercurile inițiate se face simțit noul trend. Cu alte cuvinte, când întârziem la un dineu, nu mai trezim simpatie scuzându-ne pe motiv că „soțul se resimte după o intervenție de cauterizare de hemoroizi". Vom fi însă tratați prompt drept outsideri în situatii cotidiene precum coada la chioșcul de ziare, dacă nu comentăm cu pro sau contra nota la purtare a noii linii de lenjerie tip tanga, prezentată pe prima pagină.

Așa se face că ne simțim în continuare de-a dreptul ridicoli dacă n-avem de comunicat nimic ieșit din comun într-o rundă de discuții și nu suntem capabili de un striptease emoțional cât de cât interesant, dacă nu spectaculos. Tot ce-ți dorești mai mult e să te accepte lumea, în ciuda faptului că îndrăznești să păstrezi pentru tine detaliile vieții tale de familie.

Până și rândurile așternute aici sunt o mică probă de exhibiționism. Tot un fel de striptease emoțional, la o adică. E ca și cum m-aș proțăpi acum în fața Dumneavosastră, stimate cititoare și stimați cititori, dând câteva exemple armonios meșteșugite din trecutul meu, îmbinate cu câteva teorii la modă și fapte verificate, toate acestea ambalate frumos în fraze măsurate, nu prea scurte ca să nu sune sacadat, dar nici prea lungi, să nu cadă greu la citit. Pachetul ăsta condensat frumos într-un format digerabil de maximum trei pagini, ca să încapă pe machetă şi să nu plictisească la citit şi trimis plocon pe mesele Dumneavoastră la micul dejun, ca lectură pasabilă între pâine prăjită şi marmeladă, pentru începutul unei zile de lucru normale. Vă dau aşadar o probă din ce mă atinge, mă frământă şi mă mişcă pe mine momentan, încerc pe calea asta perfidă să vă atrag, creând apropiere prin destăinuirea făcută şi aştept apoi, cu speranţa ca efectul diadic să ne aducă aproape. În cazul ideal, citind ce-am scris, veţi gândi „ia te uită; chiar aşa gândeam şi eu. Parcă aş fi în dialog cu autoarea, m-a mişcat ceea ce a provocat-o pe ea. Dar eu cum pot să-i dau un semn, să-i returnez ideile?" Ecoul retur – dupa efectul diadic, fireşte - e să citiţi ce mai scriu, căci aşa intrăm în legătură, semnalizând că „e ceva".

Există, bineînţeles şi din păcate, şi cealaltă variantă. Anume cea în care v-am plictisit cu rândurile astea şi vă gândiţi serios dacă n-ar fi fost mai bine să mă abţin de la a le scrie, cu alte cuvinte să fiu tăcut naibii acolo.

Dar aşa nu faceţi decât să-mi confirmaţi teoria din start. Asta e exact tema pe care o abordasem. Redescoperirea tăcerii şi binefacerile ei. Cât de bine e când tăcem la momentul oportun şi nu regretăm că am zis vreo prostie.

Dar parcă mai era ceva. Ah, da: „Cum ştim când?"

„Cel mai mic fir de păr,
face o umbră."
Johann Wolfgang von Goethe

MULTE NIMICURI NECESARE
un destin (de) plastic

"Profită de orele de singurătate!" – îmi sugerează soțul în fiecare vineri seara, când mă lasă singură acasă. Iar eu fac ... ce mă taie capul. Deja din clipa în care încui ușa, mă apucă o bucurie de copil ghiduș, ca-n poezia „La Oglindă" de George Coșbuc: „mama-i dusă-n sat! Cu dorul / azi e singur puișorul,/ și-am închis ușa la tindă/ cu zăvorul...". Tot ce nu apuc să fac în timpul săptămânii, toate cele pe care le amân din diverse motive, vin acum la rând. Șăgalnic ca un ecou mă urmărește zâmbetul soțului meu la luarea de rămas bun, de parcă m-ar întreba din priviri : „Ei, azi ce ți-ai pus în cap? Îți faci o mască de castraveți și vizionezi pe televiziunea română un film cu haiduci?"

Drept să spun, nici eu nu știu exact ce-am să fac cu „libertatea". Tocmai aici e farmecul; spre deosebire de restul timpului, când am aproape permanent un program clar, vineri n-am. Firește că în restul săptămânii mă bucur să-mi petrec timpul în sânul familiei. Uneori, în timpul liber, ne facem de lucru împreună în grădină, în curte sau în casă. Petrecem seri nenumărate, doar noi doi, discutând verzi și uscate la un pahar de vorbă, până noaptea târziu, de parcă nu ne-am fi văzut de-o veșnicie. Facem asta în tot restul timpului, dar nu și vineri seara; astea sunt orele sacre pentru amândoi. Pentru el începe mereu la opt fix turneul de joc de cărți. Mai bine zis, un ritual întreg, împreună cu alți pasionați de probabilități și strategii de joc, ritual care se întinde uneori până după miezul nopții. În acest timp, telefoanele mobile rămân acasă. Respect! Respect pasiunea lor și mă bucur că se pot „deconecta".

Cu timpul am adunat în memorie lanțuri întregi de vineri, care mai de care mai speciale în felul lor. Când mi se pare că sunt privată de dreptul de a face ceva care îmi place mie, se profilează undeva în depărtare seara de vineri, ca o recuperare de șansă. De exemplu, dacă alegem într-o seară aleatoare un film la televizor care nu-mi merge la inimă, chiar dacă are o valoare cinematografică incontestabilă (nu-mi plac violențele, războiul din Vietnam, mafioții cu premii Oscar și cu nume italienești, de nași – filme educative și bune, dealtfel) în timp ce pe un alt canal rulează un Nichita Mihalcov, Krysztof Kieslowsky sau vreun regizor francez original, simt pentru o secundă o strângere de inimă și-mi propun să recuperez cu altă ocazie golul creat. Iar cum avem atâtea canale de televiziune prin satelit, într-o bună zi mi se împlinește dorința. Totul e să am răbdare. Sunt șanse mari ca acea zi a împlinirii să fie o vineri.

Probabil că fără seara de vineri aș avea ieșiri necontrolate, aparent fara explicație. N-aș merge până într-acolo încât să susuțin că vinerea îmi salvează căsnicia, dar mai știi?

Revenind la „beția libertății", adevărul e că nu doar o dată mi s-a întâmplat să nu fac nimic din cele după care tânjeam de atâta vreme (tratament cosmetic, televiziune spaniolă, fel de mâncare românesc etc.) ci, dimpotrivă, m-am ocupat exact cu aceleași lucruri pe care doream să le evit : am vizionat serialul polițist cu care ne „delectăm" și în alte zilele „profane" ale săptămânii, am mâncat ceva oarecare, am amânat vopsitul părului, am evitat lectura plăcută în balansoarul din fața căminului aprins, cu o lumânare și un pahar de vin lângă mine. Chiar dacă sună incredibil, sunt vineri în care mă culc la nouă seara, fără nici un motiv clar; și bomba e că tocmai asta îmi place! Cine să mă mai înțeleagă!

Într-o vineri seara, acum vreo doi ani, am închis ca de obicei ușa în urma mea și m-am avântat spre bucătărie. De cum am deschis ușa cămării, m-am și opintit în clanță – pentru a câta oară? – căutând să fac abstracţie de balotul de pungi atârnat în dosul uşii. La vederea lor, mi-a venit instantaneu în minte replica unei musafire din Germania. „Hey, hey, hey!" Observase şi ea, ca şi mine, că în Spania există o cu totul altă mentalitate în privinţa uzului materialelor plastice. Cu spirit critic, nemţoaica din ea, pasionată negustoriţă de suveniruri la mâna a doua, s-a simţit pe loc tentată în faţa „tezaurului" meu de pungi practic noi, cu care s-ar fi putut lansa un proiect constructiv.

Din ce am observat eu, germanii au meritul de a nu dispreţui banul câştigat cinstit, indiferent în ce domeniu. Tare i-ar fi plăcut musafirei mele să ofere nimicurile vândute clienţilor de chilipiruri la târgul duminical, în câte o sacoşă practică din plastic, pe gratis bineînţeles. Unde mai pui că inscripţia în limba spaniolă – de exemplu „Pepe La Sal" sau „Supermercados Costas" - ar trezi cu siguranţă simpatie la germanii care îşi petrec în proporţie de 70 % concediul pe Peninsula Iberică?

Interesant cum amândouă, deşi provenim din culturi cum nu se poate mai diferite, suntem de aceeaşi părere pe o temă delicată, doar aparent minoră dar emblematică pentru sistemele noastre de valori. La Bucureşti obişnuiam să port asupra mea, undeva pe fundul genţii, o pungă pliată frumos, ca să nu facă cute. Renumita LaNeVe (la nevoie), o reminiscenţă a vremurilor comuniste, servea cumpărăturilor spontane, dacă se întâmpla să trec prin dreptul vreunui magazin unde se descărca ceva „interesant", în special de mâncare. Pentru că, nu cred că e nevoie să amintesc, în ţara Doamnei Academician, specialistă în chimie, în paradisul maselor plastice, nu se obişnuia datul unei pungi pe gratis la orice achiziţie. E poate unul din puţinele puncte la care socialismul dezumanizant în care am trăit nu e de condamnat. De ce să nu poarte fiecare o sacoşă cu el? Nu ia mult loc, nu ţipă, nu cere de mâncare şi dacă am proceda toţi la fel, am reduce considerabil poluarea mediului ambiant.

Andrea, fire practică nemţească, de fapt obişnuieşte să iasă la piaţă cu un coş de răchită fixat pe portbagajul bicicletei. În paranteză fie spus, un asemenea obicei e imposibil de cultivat în Bucureşti, din motive de... mâini lungi, fireşte.

Germania a depăşit de mult stadiul de risipă capitalistă, în care încă se mai scaldă Spania post franchistă până astăzi. În Germania, clasica pungă de plastic e acum „out". Coşurile de răchită în schimb, sacoşele de carton sau traistele de pânză de răspândesc pe zi ce trece. Nostalgicii pot cumpăra chiar plebeiasca pungă de plastic, dar contra unei sume modice de bani, menită să atragă atenţia asupra gestului incorect din punct de vedere politic.

Ideea de a scăpa de pungile pe care le adunam de-un an încoace pentru că nu mă îndur să arunc nimc, începuse să-mi dea târcoale. Mă imaginam deja îngropată într-un munte de sacoşe. În fond, de ce să nu-i fac un bine Andreei şi să-i înmânez cu proxima ocazie pungile care-mi prisosesc?

Destinul ăsta de „strângători" ne urmăreşte încă din copilărie. Mereu am transportat în bagaje borcane şi sticle goale, cutii şi pungi de plastic. La dus plecau pline, la întors veneau goale. Părinţii s-au specializat în furnizat bunătăţi de tot soiul: miere, carne în untură, dulceţuri şi gemuri, cârnaţi, zacuscă, lapte, prăjituri, ouă de casă şi multe, multe altele. Singura condiţie de la sine înţeleasă era sa returnăm ambalajele. Aşa ne-au hrănit, pe sora mea şi pe mine, prin liceu şi facultate, la studii prin oraşe din ce în ce mai îndepărtate.

Ba chiar şi la Viena, ţin minte că mă jenam cu bagajele voluminoase, în care diferite ambalaje îşi urmau firescul drum înapoi, către căminul domestic. Cât mă stresam când se apropiau vameşii, nu pentru că aş fi ascuns ceva ilicit în valiză, ci pentru câ mi-era ruşine să nu descopere în public secretul meu! Probabil că m-aş fi îngropat în pământ de ruşine dacă ar fi deschis fermoarul genţii de voiaj, mai rău decât dacă m-ar fi surprins şezând pe toaletă. Am avut marele noroc să nu mi se întâmple nici una din dizgraţiile astea vreodată.

Odata cu plecarea definitivă din ţară, am sperat că va înceta blestemul bagajelor jenante; în naivitatea mea, credeam că se va inversa scenariul şi că eu aş urma să furnizez alor mei bunătăţi din occident, în schimbul dăruirii – la propriu şi la figurat – cu care mă „înzestraseră" până atunci. Nimic nu s-a schimbat!

Bineînţeles că le aduc tot felul de minuni capitaliste, de fiecare dată când trec pe la ei, dar la fel continui să „expatriez" copane, mere, miere sau conserve de casă, produsele copilăriei, inegalabile aiurea pe mapamond. Uneori, când arunc aici câte un borcan cu capac înşurubabil de o formă mai deosebită, simt o uşoară strângere de inimă la gândul bucuriei pe care i-aş face-o mamei cu el. Cu tot oful meu, am spus NU borcanelor şi sticlelor goale, dar ce mă fac cu pungile?

Ca s-o scurtez, m-am decis spontan să sacrific o jumătate de oră din preţioasa mea seară de vineri pentru a face un pachet compact de pungi. Spaniolii merg la muncă în Germania. De ce sa nu trimitem şi pungile după ei, la Andreea?

Drept pentru care m-am aşezat la masa rotundă din bucătărie, cu gramăda de pungi în faţă, hotărâtă să pun capăt deranjului. Am început să extrag din sacoşa mare, rând pe rând, ghemotoacele de plastic pe care le netezeam întâi pe masă iar apoi le pliam în patru, ca să le stivuiesc mai apoi pe căprării. În jurul meu au început să crească stive de diferite mărimi din „Pepe La Sal", „Costas", „Super G" – cele trei magazine alimentare la care obişnuiesc să mă aprovizionez. Încet–încet am constatat că vizitele mele la „Super G" însumează dublul celor de la „Pepe La Sal" şi de patru ori mai mult decât „Costas". Firesc, frecvenţa cumpărăturilor este invers proporţională cu distanţa faţă de magazin.

Dacă până în clipa aceea mă considerasem o cumpăratoare ocazională, fără zile fixe pe săptămână şi fără liste de cumpărături, iluzia s-a spulberat pe loc când, pe măsură ce înaintam în stiva de plastic, am constatat regularitatea de ceas cu care apăreau „dovezile" incontestabile ale limitelor mele omeneşti. Asa se face că la patru pungi de „Super G" (legume, fructe, apă, bere) reveneneau firesc două de „Pepe La Sal" (carne, brânză, mezeluri) şi una de „Costas" (cosmetice, fructe exotice, delicatese). S-a zis cu imaginea mea despre mine, aşa-zisa fire spontană, cu fantezie, deschisă la nou. Iată cum am reuşit să mă dresez „nemţeşte" pe parcursul unui singur an!

Pe măsură ce mă dedam în continuare ocupaţiei de pliere şi sortare de pungi, începusem să dezvolt dexterităţi de specialistă. Trecuse de mult jumătatea de oră pe care intenţionasem iniţial să o aloc sordidei îndeletniciri. Socoteala de acasă, ca de obicei, nu se potrivea...

La televizor, pe TVR Internaţional, rula „Secretul lui Bacchus". Eu, cu urechile ciulite, mă amuzam anticipând replicile preferate ale pitorescului personaj principal: „chestii, socoteli". „Da´ chiar, ce fac eu aici, în loc să-mi văd de sortatul pungilor? Mă ocup cu <chestii, socoteli>, calculez statistici pe marginea frecvenţei obiceiurilor mele de cumpărare. Şi când mă gândesc că Statistica n-a fost disciplina mea forte la şcoală..."

Începea să-mi placă treaba cu pungile, era pervers. Mai ales pentru că, avansând spre interiorul sacoşei care părea să nu se mai termine, descopeream, rătăcite printre pungile cotidiene, pungi străine de cauză. Mi-am turnat un pahar de vin şi-am continuat să-mi extrag curioasă trecutul din „sacoşa cu surprize", de parcă ar fi fost bilele din urnă la extragerea loto.

Discounterul german „Lidl", cu pungile lui solide, care se obţin contra cost (german, fireşte), pestriţe, ca să atragă fără spaţiu pentru confuzii, a inceput să-şi ceară şi el drepturile. Pungile „Lidl" sunt pentru germani aproape un fenomen social. Au făcut deja istorie. Nimeni nu le poate trece cu vederea nici în Austria, în Spania şi probabil în multe alte ţări prin care e prezentă firma. Purtătorul unei astfel de pungi are avantajul - sau dezavantajul - de a putea fi clasificat instantaneu din prima: un om care nu se scaldă în bani. Cu puţină imaginaţie şi spirit de observaţie, se poate adânci analiza, şi, de la caz la caz, completa portretul-robot al cumpărătorului de la „Lidl" în direcţia emigrantului la început de drum, studentului cu posibilităţi limitate, femeii casnice cu mulţi copii, cerşetorului, sau nonconformistului la a doua tinereţe, fost hippie etc. Cunosc persoane – nu spun cine – care îşi fac cumpărăturile la „Lidl" dar le ambalează în sacoşele altor magazine, mai luxoase, pentru a ne induce în eroare ca să evite surprize penibile dacă se întâlnesc cu vreun cunoscut. Perfidă stratagemă!

Lăsând la o parte dezavantajele pungii cu pricina, calitatea ei incontestabilă (lucru nemțesc, cum ziceam) o propulsează într-o categorie net superioară celorlalte pungi de autoservire de pe aici. Așa că i-am rezervat un loc important, convinsă fiind că Andreea se va bucura de ea în mod deosebit. Ha, ha, deja mă amuzam imaginându-mi mimica nelămurită cu care clienții Andreei vor reacționa la primirea sacoșei proletare; vedeam cu ochii minții zâmbetul nevinovat al Andreei pișichere!

Până una alta „recensământul" pungilor de tip „Lidl" mi-a revelat că am fost cam o dată pe lună la cumpărături ieftine, pentru bunuri de consum uzuale (hartie igienică, ulei, făină, zahăr).

Deși netezitul pungilor începuse să-mi facă plăcere, în jurul orei 21 începuse să-mi dea târcoale panica. După cum stăteau lucrurile, operațiunea avea să-mi răpească mai mult timp decât eram eu dispusă să sacrific. Din păcate, încercarea de a calcula în avans cât timp îmi ia fiecare operațiune simplă în parte și de a însuma timpii parțiali de lucru (omagiu bătrânului Keynes!) s-a soldat eșecului. Încă o dovadă că lumea cifrelor și a calculelor nu mi-a surâs niciodată.

Pe ecran, simpaticul „personaj negativ" întruchipat de Jean Constantin încerca să se descotorosească de brigada miliției economice cu textul : „dar poate Dumneavoastră aveți treabă, și eu vă rețin..." Ha, ha! „Aha, am și eu alte treburi, dar îmi pierd timpul în bucătărie, cu niște pungi" – m-a fulgerat.

La un moment dat descopăr chiar un număr considerabil de pungi albe cu desen roșu cu albastru - caracteristica hipermagazinelor „Carrefour". Brusc m-a podidit un val de duioșie la amintirea incursiunii în marele magazin din apropierea orașului Alicante. Cândva, în primăvară, într-o dimineață de sâmbătă, când începuse să se încălzească vremea, porniserăm cu mașina la cumpărături. Aveam să ne întoarcem frânți de oboseală, după opt ore de maraton consumist epuizant. „Recolta", depozitată în două cărucioare mari, ne-a costat echivalentul în pesete a peste o mie de mărci germane. Ideea de a ne cumpăra dintr-o singură lovitură haine, încălțăminte și tot ce ne trebuia pentru vara care bătea la uşă, avea ceva bărbătesc şi naiv în acelaşi timp, dar corespundea la vremea aceea nevoilor noastre urgente şi timpului drămuit. Conţinutul bagajului meu din ţară, aşa voluminos cum fusese, se dovedise total nepotrivit pentru Costa Blanca. Deşi taioarele mele de la Bucureşti erau poate chiar mai elegante decât ce se poartă pe „veşnicele tarâmuri ale vacanţei", aici păreau deplasate, pedante, prea sumbre, majoritatea negre. Aşa că ne-am cumpărat amândoi multe nimicuri necesare, mie ca unui copil proaspăt adoptat, căruia i se încropeşte în grabă un trusou. Sentimentul ăsta, de parcă n-ai avea trecut, a fost totuşi necesar. Noroc că am ştiut să facem din corvoada asta o plăcere, cum mult simţ al umorului. Unde mai găseşti aşa soţ răbdător, care să asiste ore în şir, fără crâncneli, de pe un taburet plasat într-un colţ, la interminabilele probe ale nenumăratelor haine, din care, în final, am cumpărat „doar" jumătate?! A fost dealtfel singura dată, de atunci încoace... Dar eu tot zic: jos pălăria, chiar dacă pentru gustul meu m-am ales cam cu multe cămaşi, pantaloni şi jachete, şi mai puţin cu rochii, fuste şi alte ..."detalii vestimentare tipic feminine". Ca-n arena luptelor de gladiatori, la fiecare apariţie din cabina de probă îmi semnaliza părerea arbitrului neutru, cu degetul arătător în sus sau în jos...

O sacoşă plină cu cartoane, cleme de cămaşi şi, bineînţeles, un vraf de pungi, s-a format în seara aceea îndepărtată, după o jumătate de oră de despachetări asidue. Pungile, învârtite într-un şomoiog şi înfipte în „sacoşa-mamă" de după uşă duse au fost până în această seară de vineri.

Câte un suvenir din Spania, pentru alţi douăzeci de potenţiali clienţi de-ai Andreei; iar pentru mine, o amintire dulce-acrişoară.

Către final au apărut pungile elegante, puţine la număr, dar fiecare din ele cu personalitate proprie, toate de la luxosul „Corte Ingles". Luxul de a vizita cel mai exclusiv magazin universal din Spania ne-a costat un final de săptămână din Luna Cadourilor a anului anterior. Cele câteva lucruri cumpărate erau deja de mult integrate în viaţa noastră, dar n-aş fi crezut că după atâta timp, la vederea ambalajelor, aş fi în stare să recunosc ce-a fost în fiecare din ele. N-aş fi crezut că imi voi putea aminti cu atata exactitate după un an de zile ce anume a conţinut fiecare sacoşă care-mi trecea acum prin mână pentru a doua oară în viaţă! Ce păcat că memoria ni se risipeşte pe chestiuni aşa de mărunte şi nu ne ajută în situaţii mai imortante („unde-am pus cheile de la maşină?"). E fascinant cum amintirile se sortează singure, după reguli şi priorităţi numai de ele ştiute.

Dintre pungile mari se iţea un colţ de mâner. La o examinare atentă s-a dovedit a fi parte dintr-o minisacoşă neagră elegantă, cu inscripţie aurie. Deşi ambalajul era fără miros, amintirea parfumului cumpărat în drogheria de la parterul clădirii din Alicante, parcă mai plutea în aer.

Mai departe, mai adânc, pungi din Germania – cumpărături de nuntă, şi chiar unele din România – ambalaje pentru „zestrea" mea de acasă. Sacoşa-mamă, cea în care încăpeau ca prin miracol toate, ea însăşi a rochiei de mireasă – minunata piesă croită de un designer italian. Nu doar veştmântul, ci şi ambalajul s-au dovedit a fi solide, ca pentru un început „de piatră".

Ca să scap de sentimentalisme, m-am apucat să număr mecanic pungile din stivele ordonate pe categorii. Mi-a picat în mână o sacoşă dublă, cu desene roz şi cu mâner „cu clic", pe care atât de tare o îndrăgisem la Bucureşti, încât o cususem după ce se desfăcuse căptuşeala argintie de folia transparentă de la exterior. Nu mai ştiu ce primisem în ea de la mătuşa care avea „contact cu străinătatea", dar de atunci o refolosisem de nenumărate ori. Acum ştiu că era o banală sacoşă izolantă, specială pentru produse congelate. Dar pe vremuri nu ştiam. La fel procedasem înainte cu pătrăţelul de folie transparentă atât de fină, primit ca acoperământ peste un bol cu icre, tot de la mătuşa mea. L-am spălat cu grijă şi l-am refolosit până la completa deteriorare, în credinţa oarbă că – după cum aflasem de la mătuşa mea - alimentele din frigider se păstrează veşnic în ea şi rămân proaspete ca-n prima zi. Vorbesc aici de acelaşi film transparent pe care nu numai eu, ci nici gospodinele din Romania nu-l mai concepem departe de gospodărie, cel pe care îl derulăm de pe un tambur de carton şi-l aruncăm după fiecare utilizare. Mă întreb dacă măsura în care nimicurile astea ne-au schimbat şi uşurat traiul, are într-adevăr un efect major asupra calităţii vieţilor noastre. Sunt acum mai adânci judecăţile noastre, mai valoroase concluziile, s-a făcut mai înalt spiritul nostru trecător?

Am împachetat pungile în cartoane de pantofi pe care le-am luat cu mine la următorul drum în Germania. Erau sute. În dosul uşii de la cămară am păstrat sacoşa rochiei de mireasă, cu câteva pungi în ea, pentru uzul gospodăresc de rutină.

Am probat uşa. Se deschidea până la perete. Glasnost. Pungile vechi şi deteriorate le-am aruncat fără remuşcări. Mai bine zis, le-am îndesat pe toate într-una mai mare, pe care am legat-o strâns la gură, ca să nu mai poată ieşi de acolo, şi le-am dus la ghena specială pentru materiale plastice. Topite şi transformate vor intra probabil în componenţa unui pavaj sau linoleu care aşterne un drum nou. Ca să nu se mai acumuleze ca pete pe creier şi să nu-mi mai sâcâie memoria, mi-am impus obiceiul sănătos de a le colecta separat iar acum le arunc săptămânal la contaierul de reciclabile.

În vinerea aceea m-am simţit obosită ca după o călătorie transcontinentală. Ţin minte ca prin ceaţă, că, înainte de a adormi, am zărit scurt printre gene ecranul roşu al ceasului deşteptător, clipind ca un semafor de atenţionare: 0:00. Zero, zero absolut, punct. „Punct/ este ceva/ până la care/ toţi."

Pe lângă oboseala inexplicabilă din oase, gândul la lucrul bine făcut (chiar dacă fără mari pretenţii intelectuale) plus perspectiva unei dimineţi senine, ca mai toate dimineţile la Marea Mediterană, plus tentaţia unui paşnic mic dejun cu chifle calde şi cu cafea aburindă, m-au ajutat să adorm împăcată. „De bună seamă că soţul mă va întreba cu ce hobbyuri originale mi-am umplut timpul de data asta..."

"Şi la şaizeci de ani poţi să fii de patruzeci –
dar numai o jumătate de oră pe zi."
Anthony Quinn

CRITICA VÂRSTEI DURE

Cum adică „vârstă critică"? Când devine evident că am îmbătrânit? După o noapte dormită reglementar, când ne priveşte din oglindă un chip şifonat, cel pe care în studenţie îl vedeam îngroziţi doar după un chef atroce de trei zile şi trei nopţi? Când aflăm că un atlet se retrage din sport, pe motiv de vârstă depăşită, deşi e cu cinci ani mai tânăr decât noi? Când constatăm că se fac douăzeci de ani de când tot susţinem că „în curând ne lăsăm de fumat"? Când nu ne mai putem concentra, dacă e zgomot în jurul nostru? Sau când ni se pare că moda repetă mereu aceleaşi tendinţe, pe care le cunoaştem deja la prima mână, din propria viaţă?

Vom avea vreodată timpul şi răbdarea necesare citirii tuturor cărţilor şi ascultării tuturor discurilor de muzică cumpărate în decursul vremii? Suntem îndreptăţiţi să mai sperăm că vom atinge vreodată maturitatea necesară pentru a parcurge din scoarţă în scoarţă „Ullysse", de James Joyce, sau măcar ceva din Virginia Woolf? Suntem bătrâni dacă posedăm casete cu ABBA si Boney M? Dacă în copilărie nu ne-am transformat într-o a doua Nadie Comăneci iar în tinereţe n-am devenit prezentatoare de Ştiri TV, e realist să mai dăm crezare părinţilor, care ne profeţează plini de încredere că vom da lovitura cu noua noastră idee de afacere?

Cât de inevitabil e pericolul de a ne minţi cu bună ştiinţă, de teamă ca nu cumva trenul nostru să fi plecat de mult? Ne amăgim atunci ca vecinica mea, care îşi împleteşte codiţe, se îmbracă cu fuste mini şi urmăreşte împreună cu fiica ei serialele TV pentru adolescenţi? Sau ne transformăm în „venerabili cu experienţă" şi împărţim gratuit lecţii în stânga şi-n dreapta, în situaţii pe care n-am fost în stare să le regizăm la vremea lor în favoarea noastră? Facem precum Cocoşilă din Moromeţii, care le spune la toţi rapid că „e proşti", până nu se prind ei că nici el habar n-are? Merită să ne întristăm că n-am profitat în anii optzeci de oferta de muncă la, pe atunci, obscura firmă care între timp a devenit multinaţională? Sau mai bine preferăm să-i inventăm „struguri prea acri", pretextând că oricum ne-am fi mâncat tinereţile la firma cu pricina, muncind peste program? Ne pare rău că n-am vândut acţiunile, atunci când atinseseră valoarea dublă, acum când nu mai valorează nici jumătate? Sau ne bucurăm că, în aceeaşi perioadă din viaţă, am devenit părinţi? Regretăm că nu mai suntem în stare să facem „podul de sus" ca-n anii ciclului gimnazial, sau ne bucurăm că nu mai trebuie să mergem zi de zi la scoală şi să şedem în bancă ore în şir, ascultându-l pe profu' de fizică cum se dă mare?

Cât de tânără mă simt, când o bunică energică îmi întrerupe lectura pe terasă, la o cafea, reproşându-mi că „eu, când eram la vârsta ta, spălam, călcam, găteam, dădeam de mâncare la porci etc..."? Sunt măgulită când Doamna care urcă în autobuz mă înghionteşte zicându-mi „fă loc, puştiulică", pentru că m-a văzut doar în fugă din spate? Face asta doar pentru că m-am îmbrăcat în blugi cu talia căzută şi port şapcă cu cozoroc? Mă mai amuză trucul vânzătorului de la tarabă, care mă tutuieşte enervant, crezând că-n felul ăsta mă convinge mai uşor să cumpăr („cum îşi permite să se tragă cu mine de şireturi?" versus „oare chiar aşa de tânără par?")?

Se poate spune că mai suntem tineri dacă încă nu ne-am apucat de tricotat şi nu ne lipseşte nici un dinte din gură (decât o măseluţă acolo, insignifiant)? Sau invers, se poate spune că suntem bătrâni dacă am început să tricotăm? Suntem iremediabil bătrâni, când nu ne mai ridicăm să ajutăm la strâns masa, lăsând pe alţii s-o facă pentru noi?

Când vezi o floare înflorind superb, te apucă veselia sau te întristezi? Te laşi purtat de primul impuls tonic (eşti tânăr) sau te duce gândul la cât de fragilă e viaţa (eşti bătrân)? Ai ieşiri temperamentale necontrolate (eşti tânăr) sau provoci involuntar întreruperea discuţiilor, când răsari din senin lângă un grup gălăgios de copii (eşti bătrân)?

Urmăreşti filme documentare şi drame extraconjugale franţuzeşti (eşti bătrân) sau îţi plac videoclipurile şi filmele de acţiune (eşti tânăr)? Eşti tânăr pentru că îţi place muzica lui Robbie Williams sau îţi place muzica lui pentru că eşti tânăr? Sau nu-ţi place, şi atunci, automat se cheamă că eşti bătrân? Sau nu ştii dacă-ţi place, pentru că nu ai idee care din muzici e aceea şi cine e ăla (eşti cumva deja senil?)

Are cineva cunoştinţă de ce ne intersează pe toţi să definim cât mai exact, cât de tineri sau de bătrâni suntem? Să fie oare teama de capătul călătoriei? Sau frica de vreo pedeapsă, dacă nu valorificăm viaţa în mod optim? E necesar să ne profilăm în contururi cât mai groase, ca să lăsăm cândva urme în geografie, de preferat chiar şi în istorie (nu cumva cerem prea mult?) Are fiecare o menire de împlinit, înainte de a i se termina combustibilul? Cum e mai bine: sportiv înfruntând viaţa energic, contra cronometru? Sau mai bine zgârcit cu timpul preţios, cumpănit cu rezervele, ca să ne ţină până cade cortina? Dacă facem bine, îmbătrânim mai încet? Primim bonusuri dacă respectăm regulile?

Oglindă oglinjoară, spune-mi oare...

Ciudat cum mi s-au rotunjit aproape toate propoziţiile cu semn de întrebare la final. Veţi crede că am creat intenţionat un suspans din atâtea întrebări, ca un crescendo care acum stă să explodeze în aşteptarea unei concluzii frumos ticluite, a unui răspuns universal, servit la sfârşit ca o revelaţie. Cum n-aş vrea şi eu să vin acum cu un final dărâmător, care să ne lase pe toţi gură cască?! Păcat că nu există.

Păcat?! Ba bine că nu. Ce atâtea răspunsuri la toate? Ia să mai caute şi fiecare pentru sine, să-şi încreţească fruntea şi să nu mai răsfoiască în manuale, vânând mură-n gură! Întrebările enumerate aici sunt doar o parte din cele multe, care încă nu şi-au găsit rezolvarea. Cu toate astea, aşa „neterminate" cum sunt, mie îmi plac. Nu le găsiţi frumoase? Ele nu sunt ca răspunsurile, cu un singur sens. Ce-mi place la ele e că lasă loc pentru rezolvare în toate direcţiile. De ce ar fi ele mai puţin demne de respect decât răspunsurile? Frumos a zis Rilke: „Învaţă să-ţi iubeşti întrebările. Poate că, într-o bună zi, te trezeşti că ai trăit, fără să fi băgat de seamă, direct în miezul răspunsului lor". Ia să vedem! Vă dorim îmbătrânire reuşită! Ştiu, nu e un proces tocmai plăcut, dar dacă ne gândim la alternative...

"Revăd din nou poiana primei amintiri –
Copilul care am fost eu spre mine vine,
Vorbeşte rar muşcându-şi buzele subţiri...
Îmi placi. Dar eu am să devin mai bun ca tine..."
Nicolae Labiş
"Poiana primei amintiri, Lupta cu inerţia"

TRAUMA LAMDA

Mai nou, de când cu globalizarea, răsar teorii noi despre limba pe care o vom vorbi cu toţii într-un viitor previzibil. Deunăzi îmi pică în mană un articol în care se afirma că aşa-zisele limbi-pitice ale planetei - adică cele vorbite de comunităţi mai reduse decât 10.000 de persoane - sunt pe cale de dispariţie. Dar noi, în calitate, sau mai bine zis în cantitate de români, n-avem probleme, că doar suntem peste 23 de milioane. Nu încă, aş adăuga eu, dar mai bine-mi înghit limba...

Concret, la fiecare două săptămâni, se stinge din viaţă una din limbile vorbite pe Pământ. Pentru început doar cele pitice, dar le vine lor rândul şi celorlalte. Cel puţin aşa reiese din calculul statistic. Lingvişti sprinteni aleargă cu casetofoanele prin jungle, tundre, taigale şi pampasuri încercând să înregistreze măcar ultimele cuvinte ale câte unui supravieţuitor purtător de limbă în curs de dispariţie. Să râdem sau să plângem? Avem de-a face cu un efect neaşteptat al globalizării. Mor limbile, oameni buni! Ne piere graiul! Ce să mai întoarcem vorba în gură: ni se ia piuitul!

Închid ochii şi deja văd ca prin vis cum un pitic lingvistic mic-mic, căruia pe frunte îi e scris „ROMÂN", fuge mâncând pământul, de frică să nu-l prindă acuşica monstrul globalizării şi să-l înfulece cu silabe cu tot... Bătu-l-ar vina, să-l bată, de monstru ce este el!

Nu cumva ne temem de globalizare cam aşa cum s-au temut muncitorii din fabrici cand s-au inventat maşinile electrice?

Fireşte mă sperie gândul că într-o bună zi aş putea scrie articolul de faţă - prin care comunic părerea mea despre lume, Dumneavoastră, cititorii mei deloc pitici, capabili să descifraţi limba română – iar Dumneavoastră, în loc să-mi trimiteţi aprecieri sau înjurături, după cum vă place, v-aţi dovedi incapabili să-l înţelegeţi, din simplul motiv că nu stăpâniţi acest idiom rar. Din păcate, dacă e să judecăm pe linia studiului menţionat anterior, atunci - o tu, destin implacabil - mai devreme sau mai târziu ne va sosi suna şi nouă ceasul. Pardon, nu nouă ci limbii noastre. Dar ce mai contează, de bine ce se spune că ne definim ca oameni prin limba maternă?!

Păi să nu mă enervez? Uşurel! Cum Doamne iartă-mă să accept că aşa, netam-nesam, de prietenoşi şi ospitalieri ce suntem noi românii, în loc să ne perpetuăm întru eternitate, vom fi eliminaţi tocmai pentru că suntem flexibili şi nu ne supărăm dacă ne taie cineva de la cuvânt. Din câte puţin de lapon, japonez şi arab, cu un român pus ca moţ, se naşte omul nou, cetăteanul unilingvistic?! De parcă n-am avea şi noi un cuvânt de spus în tot calculul ăsta!

Hai să calculăm repejor, până nu ne piticim şi noi limbistic (pardon, am vrut să spun lingvistic): dacă pe lume se vorbesc între 6.000 şi 10.000 de limbi, iar ele au dobândit prostul obicei de a sucomba cu regularitate la fiecare două săptamâni, înseamnă că mor două limbi pe lună, 24 pe an, 240 în zece ani, 2400 într-un secol, extrapolat sunt 24.000 într-un mileniu. Şi nu orice mileniu, ci mileniul trei, cel pe care abia l-am început şi de care suntem aşa de mândri pentru că avem multe planuri cu el. Cum 24.000 de limbi nu există pe Terra nici măcar dacă numărăm cu mare bunăvoinţă dialectele locale la grămadă, reiese că în scenariul cel mai optimist, undeva după anul 300 al mileniului prezent se vor termina limbile şi vom rămâne cu una.

Din simplul motiv că e limba cea mai răspandită pe Pământ, vom vorbi cu toții fluent dialectul mandarin, recunoscut drept limbă oficiala în China, Taivan și în multe alte state asiatice. E adevărat, asta n-am spus-o eu ci se afirmă în studii serioase!

Vă sperie perspectiva asta sau, mai rău, vă lasă cumva indiferenți? Sunt mulți cei care vor zice că puțin le pasă ce limbă se va vorbi în anul 2400 pe Terra, câtă vreme nu vor mai apuca ei înșiși vremurile acelea. Conform mottoului: „după mine, potopul". Dar mai e chiar așa de mult până atunci? Dacă e să ne luăm după progresul medicinei, fiecare dintre noi va putea trăi până la o sută de ani. Copiii nepoților noștri vor putea fi fără probleme martori oculari ai secolului al patrulea. Să susținem în continuare că nu ne pasă, sau să începem acum să ne punem întrebări?

Chiar așa să fie? Să se ajungă până acolo încât pasărea născută într-o limbă să nu mai aibă șansa de a muri pe limba ei? Așa de repede să se miște totul, încât să încapă într-o viață de om? Să te naști cu nas vulturesc tip caucazian și să mori în piele galbenă și cu ochii migdalați? Darwin s-ar cruci de așa razantă evoluție!

Chinezii fac deja presiuni asupra partenerilor lor de afaceri să renunțe la engleză și să învețe limba chineză. Nimic de zis, chiar dacă va fi foarte greu de realizat. Dar și de-ar fi să se ajungă acolo, una e limba în care negociem și alta e cea pe care o vorbim acasă. Dacă va fi să uităm vreodată ceva din babilonul lingvistic care ni se învârte prin cap, nu limba natală va fi cea dintâi sacrificată. Aceiași sau poate alți cercetători lingviști, la fel de capabili, au făcut o descoperire stupefiantă: fenomenul lamda. El desemnează o formă mai specială de amnezie: persoanele afectate de ea uită limbile vorbite recent dar, în mod suprinzător, vorbesc cu acuratețe întâia limbă pe care au învățat-o în copilărie. Cum copilăria mea a înflorit sub soarele concomitent al dialectelor ardelenesc și săsesc, asezonate cu ușoare accente maghiare, nu mă mira că întâmpin frecvent probleme când e să caut cuvântul potrivit în română, franceză, germană, engleză sau spaniolă. Trăind în străinătate, dacă întâlnesc întâmplător un român, alunec instantaneu într-un dialect atroce pe care nu țin minte să-l fi vorbit decât eventual la bunici în vacanțele de la țară. Deși știu încă din clipa în care deschid gura că aș face mai bine să tac, din lipsă de exercițiu emit instantaneu sunete, cuvinte, fraze și idei ciudate care se revarsă din mine în cascade și despre care n-aș fi crezut în ruptul capului că-mi sunt proprii. Mă ia gura pe dinainte și mă ambalez, spun lucruri pe care le țineam doar pentru mine, întreb fără rețineri detalii intime care în țară mi-ar fi fost tabu, articulez regionalisme pe care nici nu știam că le stăpânesc, cad în limba copiilor, gesticulez exagerat sau destăinui drame ale unei presupuse însingurări care, vezi Doamne, mi-ar da târcoale. Într-un cuvânt, ofer un spectacol uluitor. Toate astea doar ca să mă fac mai interesantă și ca să mențin trează atenția interlocutorului? Dar atunci aș ști și eu! De ce, în fața unui om pe care nu l-am văzut în viața mea dar care se întâmplă să-mi înțeleagă limba, nu perorez doct în sofisticata limbă academică pe care am stăpânit-o cândva? Să fie chiar așa de importanți primii șapte ani de acasă încât să nu mai pot vorbi decât țărănește? Sau poate doar am îmbătrânit eu mai repede decât mă așteptam, atinsă de un Alzheimer prematur?

În paranteză fie spus, dacă vreau să mă dau mare, pot căuta în manualele de matematică de liceu, cum se scrie lamda într-o singură literă grecească. Dar câți dintre cititori vor mai ști cum se citește? Apare evident că, în cazul limbii grece antice, au trecut mai mult decât cele două săptămâni reglementare necesare dispariției unei limbi pe cale de uitare... Nu-mi mai amintesc „hieroglifa" pentru lamda și asta mi se întâmplă tocmai din cauză că sufăr de sindromul care-i poartă numele.

Bănuiala mea e că în asemenea situații limba nu e altceva decât un robinet care deschide cutia Pandorrei. Odată cu ea se trezesc sentimente amorțite, amintiri intime și senzații cărora le ducem dorul.

Așa că să mă scutească oamenii de știință care o privesc izolat, ca pe un obiect de studiu și care îndrăznesc să afirme cu toată seriozitatea că limba natală ar fi perfect interșanjabilă cu altele la fel de bune. Nu zic că n-ar fi bune şi frumoase şi altele, dar dacă nu sună şi înăuntru, la nimic nu le-a folosit. Rămân acolo pe post de instrumente de comunicare şi atât.

Noroc că trauma lamda afectează numai indivizi şi nu şi naţiuni întregi. Ce ne-am face dacă, la nivel de popor, nu ne-am mai aminti decât binecunoscutele parole dacice, de tip barză, varză, viezure, brad?! Să ne ferească Zamolxe! Privit din perspectiva asta, nu strică să stăpâneşti cât mai bine şi limbi străine care te îmbogăţesc spiritual şi dau culoare fondului pe care îl porţi ca bază. Cu condiţia sa nu se confunde între ele. Eternul conflict dintre fond şi formă, formulat de data asta într-o manieră mai originală: în fond ştie fiecare dintre noi pe ce limbă visează sau calculează mental dar viaţa între străini e şi ea o formă de asimilare lingvistică. Până la un punct, ori vrem ori nu vrem. Nu degeaba se zice că ne îmbogăţim cu încă o personalitate la fiecare limbă vorbită. Totul e să nu alunecăm în paranoia de atâta dedublare şi să uităm cu care din ele ne identificăm.

Haideţi aşadar să nu intrăm în panică. Omenirea are mult prea multă imaginaţie încât să se autoreducă în viitor la un singur limbaj de comunicare. O probă a imaginaţiei ei debordante e însuşi faptul că nişte cercetători şi-au putut închipui o aşa ghiduşă teorie. Sau poate că au vrut doar să ne îndemne în maniera lor seacă să ne păzim limba şi s-avem grijă ... să nu ne-o muşcăm.

„Nu-i o artă să recunoşti şansa.
Arta constă în a o vedea primul.”
Benjamin Franklin

MÂNCĂTORII DE OAMENI

Poate m-am transformat fără să bag de seamă în prototipul consumatorului capitalist. Mă întreb dacă sunt un caz singular. Poate le merge si altora la fel. Vrem tot mai mult, tot mai repede, din toate.

Bunăoară cutia cu margarină sau borcănelul cu cremă de faţă. Parcă au un suflet, ca-n desenele animate, trecând prin stadiile fireşti ale unei vieţi în miniatură care începe încă dinainte să facem cunoştintă, eu cu ele. Întâi aflu - adesea sub impulsul spoturilor publicitare -că există, o margarină mai dietetică sau o cremă de faţă cu efecte spectaculoase în combaterea ridurilor. Şi deja mă trezesc căutând-o prin rafturi („pentru că meriţi”).

Apoi vine maxima savurare consumistă, când despachetez şi înlocuiesc carcasa goală a predecesoarei cu achiziţia nouă. A mea!

Îmi jur atunci să urmez strict recomandările; îmi imaginez cât de tânar şi de sănătos îmi va fi aspectul (sau să-i spunem aparenţă?). Începe copilăria şi tinereţea plină de promisiuni. Ne dăm „întâlnire” în mod regulat şi de fiecare dată când duc la capăt ritualul „savurării” consumiste, îmi imaginez efectele pozitive. Căsnicie curată!

Undeva pe la mijlocul cutiei se produce brusc ruptura, saturaţia. Se insinuează tiptil, doar o scăpare, un lapsus, ceva nedefinit. Pentru o zi sau două uit să o învrednicesc măcar cu o privire. Grevă. Sub pretextul unei oboseli inventate, sar ritualul zilnic, devin infidelă.

Flirtez deja, fireşte, cu noile produse de pe piaţă, margarina cu adaos de vitamine sau omega 3, eventual cea cu extract de iaurt, sau crema de faţă cu colagen, vitamina C, extracte din ADN, osmoliţi sau – Doamne ajută – hormoni. Dar ce fac cu cea veche? Mă reped asupra ei şi ung preţiosul conţinut pe pâine (respectiv pe faţă). Rezolv două probleme dintr-un foc: „supliment de binefacere" (chiar dacă „mai mult" nu înseamnă întotdeauna şi „mai bine") şi grăbesc terminarea stocului, ca să pot cumpăra noul produs la modă.

Dar ce, parcă-mi merge? Ca un făcut, exact în faza asta, ea se decide să mai rămană puţin şi se încăpăţânează să nu se mai termine. E etapa ei de longevivă. Poate pare lungă doar pentru că nu mai are „secretele" miraculoase în care între timp nu mai crede nimeni, după ce a probat-o îndeajuns.

"A doua jumătate", a naibii perioadă de înjumătăţire, e lungă rău. De exemplu, cunoştinţele inginereşti ale unui proaspăt absolvent de facultate, dacă nu sunt folosite, se uită, exact după 7 ani, când omul nu-şi va mai aminti decât jumătate din ele. Cu alte cuvinte, perioada de înjumătăţire a ştiinţei unui inginer este de şapte ani. Cea a unui roman poliţist bun e de patru ore la mine (patru zile la soacră-mea) iar cea a unei jumătăţi de kilogram de margarină e de o săptămână la mine şi bărbatu-meu, împreună.

Jumătatea care rămâne după înjumătăţire are, la rândul ei, tendinţa de a se înjumătăţi mai departe în acelaşi ritm. Bănuiala mea e că va avea nevoie de jumătate din perioada de înjumătăţire anterioară, ca să se dividă în doua entităţi identice (dar nu sunt sigură). Mă mai urmăriţi? Văd că problema devine complicată şi greu de înţeles şi mă duce gândul la practicile onorabile ale tatălui meu care, după ce a auzit la sfatul medicului că prin consumul unui măr pe zi reducem colesterolul din sânge la jumătate, s-a hotărât să meargă la sigur şi mănâncă două mere zilnic. Dispare complet colesterolul – zice el. Socoteala nu se potriveşte, din păcate, pentru că al doilea măr reduce la rândul său la jumătate restul de ½ din colesterolul rămas după primul şi apoi rămâne jumătate din jumătate etc. Iar dacă ţinem cont de faptul că livada noastră produce mult prea multe mere, care trebuie neapărat mâncate ca să nu se strice, ecuaţia noastră se mai complică cu încă o variabilă...

Dar ce vreau eu să spun cu teoria aceasta, până nu vă consum mai mult de jumătate din răbdare? Problema pe care mi-o pun este dacă nu cumva au şi oamenii un fel de perioadă de înjumătăţire, precum atomii de carbon pe baza cărora se stabileşte vechimea planetelor.

Dacă în loc de cutia mea cu cremă aş trata la fel cunoştinţele mele ocazionale, cum s-ar desfăşura întâlnirea dintre noi? Nu tot la fel? Aş auzi de el sau de ea, bun interlocutor, medic, avocat, holtei numai bun de însurat sau ce-o fi el acolo; dacă e femeie, i se duce vestea de bun gust sau gospodină talentată. Mă rog, într-un cuvânt, reclamă.

Brusc, ca şi afişele pentru crema cea nouă, e peste tot. Faci pe dracu-n patru până intri în contact cu „persoana". Eşti încântat de „achiziţie". Lauzi şi recomanzi în stânga şi-n dreapta noul tău frizer/medic/soţ/prietenă samdp. Ca tot restul lumii.

Toate bune şi frumoase, până constaţi că noul medic n-a reuşit să te transforme din hipotensiv în hipertensiv, noul frizer nu te-a transformat într-o nouă persoană, ca-n experimentele televizate, în care o gospodină se transformă în top model; nici noua prietenă n-a contribuit esenţial la rezolvarea problemelor căsniciei tale...

Exact în clipa în care începi să te îndoieşti de alegerea făcută, apare din senin un nou specialist pentru problemele tale, auzi de o persoană cu efect absolut revoluţionar care – oh, lăudat fie Domnul – s-a stabilit nici mai mult nici mai puţin chiar în oraşul tău.

Reîncepe procesul de achiziţie, parcurgi drumul cunoscut deja, treci prin entuziasm, satisfacţie, obişnuinţă şi distanţare. Cultivi în paralel prietenia cu idolul anterior, ca şi când nimic nu s-ar fi întâmplat. Ai intrat pe mecanismul formării „cercului de cunoscuţi".

Telefonăm regulat şi ne asigurăm reciproc de gradul insuportabil în care suntem stresaţi. Promitem solemn să ieşim într-o bună zi la un pahar de vorbă pe îndelete. Apoi uităm promisiunile. Cu timpul o rărim până la dispariţia completă. Altfel ne-am sufoca în atâtea cunoştinţe şi obligaţii. Priviţi din punctul acesta de vedere, suntem toţi nişte adevăraţi „mâncători de oameni". Dacă am avea fiecare câte un „contor" care să numere câţi semeni „consumăm" pe an, ne-am putea întrece în adevărate clasamente de campioni.

Oare care e perioada de injumătăţire a unui medic mediocru, sau a unui soţ ideal, sau a unui preşedinte destoinic?

Pe măsură ce ne dezvoltăm „dexterităţile interumane" devenim din ce în ce mai pricepuţi la clasat oameni. Einstein ne-a învăţat că dacă ne mişcăm repede îmbătrânim mai încet. Dacă comunicăm cu mai mulţi oameni, parcă trăim mai intens. Dar fenomenul are şi efecte nedorite, cum bine zicea fizicianul: de la distanţă părem mai grei şi mai mici. Ne îngreunează bagajul de contacte; iar ca indivizi riscăm să ne pierdem în marea grămadă.

Mai clar reiese asta din parabola astronautului care se întoarce din spaţiu după o plimbare printre stele. Deşi pentru el au trecut doar doi ani, îşi găseşte familia cu cinzeci de ani mai bătrână decât a lăsat-o. La fel noi cu mania vitezei în raporturile cu oamenii care ne înconjoară, ne grăbim... Viteza contactelor sociale ne face mai grei şi mai mici.

Fixaţi pe ţeluri, eşuăm aparent cu regularitate în detaliu, la aprofundări. Zic aparent pentru că poate tocmai efortul nostru de a ne menţine treze simţurile şi instinctele de „vânătoare" ne ghidează pe neobservate. Drumul e elementul dinamic. Pe astronaut deplasarea îl menţine tânăr. În acest sens: „Drum bun"!

„Toate muncile plătite
înrobesc spiritul şi-l devalorizează."
Aristotel

MUNCIT ŞI TRĂIT

Ca tot românul stabilit în străinătate, ciulesc urechea la fiecare vizită în ţară şi tatonez în stânga şi-n dreapta pulsul vremurilor. Dacă la început, simplul fapt că „văzusem lumea" era suficient pentru a declanşa o reacţie automată de interes – fie admirativ, fie de respingere, sub mottoul „ce vă pasă vouă, nu mâncaţi pâinea amară de aici" - mai nou mă confrunt din ce în ce mai des cu dialoguri complexe, cu argumente pro şi contra. Cele mai incitante sunt părerile celor care au făcut cunoştinţă cu tărâmurile făgăduinţei şi s-au întors înapoi cu convingerea că tot acasă e cel mai bine.

De ce să nu recunosc că am admiraţie pentru cei care au asemenea curaj. Poate chiar îi invidiez niţel. Nu complet; doar pe ici pe colo, prin locurile esenţiale. Nu-mi iese din minte anecdota cu cei doi evrei care se revăd după 30 de ani, unul plecat în Israel şi celălat rămas în ţară. Cel de acasă zice : „măi Iţic, mare curaj ai avut că ai plecat" iar celălalt îi răspunde "Băi Ştrul, curajos ai fost tu, că ai rămas în ţară".

La o privire mai atentă, întâlnesc invariabil o piedică în calea admiraţiei mele pentru, ia să-i numim aşa, românii statornici (trebuiau să poarte-un nume). Nu lipsa unui loc de muncă îi goneşte pe români din vestul capitalist, ci excedentul de muncă. „E viaţa grea la frate-meu în Franţa" – îmi comenta un şofer de taxi. „Le même ronron: dodo, métro, boulot. În fiecare dimineaţă se scoală cu noaptea în cap, şi el şi nevastă-sa, şi pleacă fiecare la serviciu iar seara vin obosiţi şi dorm de-a n picioarelea. Păi de aşa viaţă mai bine mă lipsesc! După două luni la Paris mi-am luat nevasta şi ne-am întors acasă. Sunt inginer, dar mai bine fac pe taximetristul în Bucureşti, decâ să fiu rob în Franţa. Că dacă nu curge, pică. Şi dacă n-am chef, rămân acasă. De bine de rău, o ducem bine".

Băiatul de la benzinărie are 25 de ani, dublă cetăţenie româno-germană şi familie cu un copil. La părinţi în Germania nu i-a plăcut, pentru că „acolo nu e gaşcă; cu cine să ieşi să bei o bere seara? Seara sunt toţi matoli de muncă de le pică ochii în gură în faţa televizorului!"

Pot eu să-i contrazic? Nu pot. Cel mult pot să contracarez cu vremurile în care, în România fiind, la fel mi se închideau ochii seara, zile şi ani de-a rândul, după munci istovitoare, care păreau că nu se mai termină, pentru un salariu incomparabil mai prost. Concluzia e că nu ţara e necazul, percepţia muncii e buba.

Dar iarăşi vin şi o întorc pe toate feţele, că tot nu înţeleg. Antrenorul echipei române de gimnastică a refuzat contractul cu Germania, pe motiv că sportivele germane nu concep să pună osul la treabă cu dedicaţie maximă, în maniera autosacrificiului, cum se practică pe la noi. Alt exemplu: nu cunosc elev de liceu care să fi învăţat în Spania pe derost, până la ultima virgulă, manualul de economie politică de clasa a unsprezecea, inclusiv colectivul de autori şi citatele de pe la congrese, precum au buchisit cu vădită aplecare masochistă candidaţii români la admiterea la ASE, unde bătălia se dădea la sutime pentru treizeci de locuri pe ţară.

Unde e problema? De ce, odată ajunşi pe piaţa muncii, ne străduim din răsputeri să eludăm efortul şi să chiulim pe unde se poate? Nu suntem tot noi, aceiaşi, cei care am învăţat încă din faşă sloganul „cât ai fi de mic/ fără muncă nu-i nimic"? Păi dacă e s-o privim aşa, germanii sunt cei mai leneşi, căci ei inventează pentru orice gest minimal un aparat cu şuruburi care le ia ingenios treaba din mână. La noi e invers. Neamţul măsoară de cinci ori până taie odată; noi ne delectăm cu metoda „try and error", dezşurubăm carcasa, facem o lipitură la nimereală iar dacă apoi funcţionează, se cheamă ca am fost geniali. Dacă nu funcționează, se cheamă că așa a vrut Dumnezeu și continuăm până îl stricăm de tot. Sau o lăsăm baltă, căci se poate și fără.

Ce lozincă mai absurdă se poate inventa, decât „noi muncim, nu gândim"?

Există două explicații la modă pentru așa-zisa „aversitate" a românilor față de muncă:

Prima și cea mai la îndemână e teza universală a „racilelor din trecut". Sub un regim în care mottoul era „noi ne facem că muncim, ei se fac că ne plătesc" mentalitatea s-a încetățenit așa de bine încât a ajuns să se transforme în moștenire genetică. Unde trebuie lucrat aici? Logic, la partea a doua a frazei, adică trebuie plătit pe măsură, atunci se va munci serios. Zis și făcut. Direct „de sus" a venit indicația ca tinerii experți informaticieni să fie plătiți cu salarii competitive și comparabile celor din străinătate, ca să nu mai plece „creierele" din țară. Ce s-a schimbat? Nimic. Tot se mai pleacă. La fel de bine plătesc firmele din străinătate. Așadar, prima teză n-are viitor (sau nu-l văd eu).

A doua teză ar fi cea a spiritului latin, petrecăreț. O privire peste gard la frații noștri spanioli, italieni, ba chiar și greci, demonstrează că, sudici încoace și încolo - nimeni nu se omoară cu munca de bunăvoie. Toți petrec cu vervă și se adună regulat la mese pantagruelice, adevărate clanuri de familie cu neamuri de toate gradele, într-un haos gălăgios de nedescris, mai abitir decât românii, care încă n-au descoperit deliciul unei „fiesta" pe o stradă întreagă, unde se întrerupe circulația pentru o săptămână. Nu, la noi nu se face nici măcar la nivelul unei scări de bloc. Spre surprinderea unora, țările cu pricina au încăpățânarea să funcționeze congruent, fără hiaturi economice, cu aceiași oameni petrecăreți, care, întâmplător, în restul timpului pe care îl au la dispoziție, muncesc. Mă tem așadar că nici teza latinității, asezonată chiar cu balcanismul cronic la români, oricât am fi de binevoitori, tot nu ne scoate din dilemă. Chiar și cel mai învederat adept francez al stilului de viață laissez-faire (pe românește „trai nineacă"), la vederea hățișului de „atenții" cu care e nevoit să intervină ca să exporte niște buşteni bănăţeni neaoşi, se distanţează cu un „de eşti tu acela, nu-ţi sunt frate eu". Au nu suntem toţi de-o seamă? Bagsama nu.

Nu vreau să fac o nedreptate. Nu suntem doar noi aşa. Fireşte, are fiecare ţară ca fiecare om, problemele ei cu munca. În unele ţări abundă şomerii, pentru că ajutoarele de la stat sunt atât de substanţiale încât nu merită ieşit la treabă pentru un spor modic. S-a descoperit şi prin alte părţi că, deşi munca l-a creat pe om, „nici lenea n-a omorât pe nimeni". Sună banal dar este evident că oriunde pe mapamaond, orice om cu scaun la cap, când are de ales între două munci plătite la fel, o alege pe cea mai uşoară. Şi e la mintea cocoşului că, într-o ţară în care meseria e cu adevărat decretată la nivel naţional "brăţară de aur", fiecare membru al comunităţii se dedă cu mai mult elan exercitării ei, pentru că-şi vede demnitatea de om valorată corect.

Ajunşi la punctul acesta, îndrăznesc să lansez o părere opusă concepţiei generale. Anume, eu nu cred că în România se munceşte mai puţin sau mai prost decât în alte ţări. Cred doar că se munceşte cu mai puţină tragere de inimă. Cantitatea preponderentă de energie se scurge inutil, în străduinţele disperate ale multora de a se prezenta suverani, de a se „spăla" de aşa-zisa „ruşine" de a fi angrenat şi dependent de ceva atât de banal, un lucru care are o imagine îndoielnică în opinia publică: munca.

Analog campaniei de reabilitare a imaginii României în străinătate, am putea aborda cu toată seriozitatea o campanie de reabilitare a muncii în interiorul ţării. E rău cu rău, dar mai rău e fără rău; din păcate, munca mai e privită încă drept rău necesar. Chiar aşa să fie? N-o avea ea şi ceva de bine, acolo, măcar un pic? Ce altceva decât o recunoaştere intrinsecă a nonvalorii muncii unui om este să acorzi „spor de ruşine" unui gunoier? Recompensa faptului că, în ochii publici, şi-a ratat viaţa? Nu zic să-i reducă salariul, dar să-l tratăm ca pe ceea ce este, un funcţionar al unei întreprinderi cu evidentă utilitate publică.

Odată cu stabilirea în străinătate, nu m-a şocat aşa de tare impactul cu munca disciplinată. Experienţa epuizării prin muncă o avusesem şi acasă. Şocant a fost, în schimb, modul serios la care se tratează aici jobul, serviciul, treaba, munca, profesia, meseria. Când cineva se prezintă ca „maistru în acoperişuri" sau „specialist de calorifere", primul impuls e să crezi că eşti luat peste picior. De ce? Ce e rău în asta? „Instalatorul" român care ne-a pus încălzirea centrală în casa părintească a găurit caloriferele ca să le atârne de pereti... şi ne-a inundat casa. Păi nu era mai bine dacă era specialist?

Aici nu se miră nimeni dacă întâlneşte la o petrecere electricieni şi directori, farmacişti şi barmani, politişti şi manageri, ofiţeri şi contabili, instalatori şi infirmiere. Sună neverosimil, te întrebi ce să aibă de vorbit între ei nişte oameni cu formaţii atât de diferite. La început am crezut că răspund şi ei acolo unei invitaţii formale, se achită de o obligaţie făcând act de prezenţă iar a doua zi nici nu se mai salută pe stradă. Fals. Am constatat mai târziu că mulţi se frecventează reciproc cu regularitate. Poate că noi românii punem prea mult preţ pe statutul social, suntem cam rigizi.

În cercul meu de cunoştinţe, o soţie de patron de mai multe farmacii s-a hotărât să facă ceva lucrativ, nu tot iniţiative caritative. Deşi n-are nevoie, serveşte mai nou clientela de limbă germană într-o cramă de vinuri din Spania. Zice că se simte excelent cu şorţul roşu, călcat şi apretat.

E incredibil cum piaţa liberă a reuşit ceva, ce n-a fost în stare comunismul, în ciuda faptului că-şi propusese asta ca ţel suprem: egalizarea oamenilor, sau, mai bine zis, unificarea întru muncă. Merge treaba!

"Incompetenţii nu doar trag concluzii greşite –
incapacitatea lor îi privează
de însăşi puterea de a sesiza că au greşit."
Bill Gates

CERUL ÎNSTELAT ŞI... NOI

Într-un articol ştiinţific recent se anunţă descoperirea recentă a unui al cincelea braţ în spirala Căii Lactee. Pentru o mai bună înţelegere de către cititorul profan e redată alăturat imaginea binecunoscută a nebuloasei, văzută de sus, o puzderie fascinantă de lumini şi luminiţe într-un vârtej aspectuos, pe fundalul cerului imens şi negru.

Dacă n-aş fi citit nota de subsol, n-aş fi băgat de seamă că la baza fotografiei era redată aceeaşi spirală văzută din profil, o linie subţire cât o riglă în dungă, aproape imperceptibilă. Şi undeva pe la mijloc, un punct luminos, nici prea mic dar nici prea mare: sistemul nostru solar.

La atare viziune cosmică mi-au rămas gândurile înţepenite şi doar cu mare greutate am reuşit să cuprind cu puterea minţii inexplicabila capacitate a speciei noastre mărunte de a se vedea dintr-un unghi aşa de îndepărtat. Las la o parte faptul că habar n-am prin ce mijloace tehnice uluitoare suntem în stare să fotografiem spaţiul de acolo, de unde cu siguranţă n-a avut cum să ajungă o sondă interstelară trimisă de om în cosmos.

În astfel de împrejurări mă năpădeşte o stare de mirare perplexă, rudă cu revelaţia bruscă pe care am avut-o la 12 ani când, privind cu atenţie o floare din grădina casei părinteşti, am realizat pentru prima dată existenţa infinitului mic. Spre deosebire de alţi copii, care descoperă imensitatea ca pe un opt culcat, cu semnul plus în faţă, la ora de matematică, eu am percutat mai târziu şi pe cale empirică: pentru mine, faptul că o floare se poate divide la infinit în petale şi în alte părţi componente, fără să dispară vreodată definitiv, a fost prima ocazie de a gândi metafizic. Dar de ce să mă minunez de vădita mea încetineală, când până şi banala dexteritate de a-mi încheia şireturile mi-am însuşit-o abia în clasa întâi, deşi făceam parte din fruntaşii clasei?

Văzând aşadar cât de departe merge puterea noastră de abstracţie în materie de viziuni cosmice, aproape că am putea spune că simţim satisfacţie când ne demonstrăm cât de limitaţi suntem. Şi dacă tot vorbim de limite, îmi vine-n minte un alt paradox care-mi dă de furcă de-o vreme încoace, când e să definesc prostia umană. Cum poate un om care, în urma unei dotări defectuoase de la natură, nu dispune de un aparat al gândirii suficient de complex, să exclame la un moment dat plin de convingere: „Măi Doamne, da´ ce prost sunt?!" Adică cum să trăieşti o viaţă întreagă cu un sistem de conexiuni relativ funcţional în cap, pe care ştii că te poţi baza şi cu care eşti mulţumit, că doar e al tău şi nu cunoşti altul, pentru ca brusc să constaţi că undeva în afara lui poate exista o extindere care ţie îţi lipseşte şi care la o adică te-ar face mai deştept dacă n-ar fi necazul că tu eşti aşa cum eşti? Cu ce fel de aparat ne cântărim noi în clipa în care ajungem la concluzia că tocmai aparatul de care ne folosim nu e capabil să-şi vadă propriul „lung al nasului?"

Aşa se face că intuim uneori că dispunem de un aparat mental mai performant decât al vecinului de bloc (să zicem) dar mai rudimentar decât al vânzătoarei de la pâine, ca să luăm doar un exemplu. În speţă, tunăm şi fulgerăm la adresa unei hoarde de proşti care par să ne înconjoare din toate părţile, dar numai extrem de rar ni se întâmplă să ne simţim noi înşine proşti în raport cu altcineva. Cine ştie cât de des am trezit şi noi la rândul nostru în alţii suspiciunea că am fi proşti cu grămada dar, spre norocul nostru, ne-a salvat propria mărginire de la revelația că tocmai ne-a luat cineva peste picior?

Ne deplasăm mai departe prin viață, construind ca furnicile la personalitatea noastră, adăugând sare și piper pe ici pe colo, decorându-ne cu tot felul de experiențe și cunoștințe care ne fac mai interesanți, dar ne mișcăm în limitele strâmte ale dotării cu care am venit. Pe cine să mai mire că ne simțim cel mai bine în compania propriei noastre persoane? Păi unde mai găsești om care să se potrivească cu tine sută la sută așa de perfect?! Nimic nu e mai tentant decât compania unei persoane căreia îi plac aceleași feluri de mâncare, are aceleași opinii politice, a citit aceleași cărți și se îmbracă în același stil ca și noi! Cu riscul de a părea egoiști, indiferenți și nepoliticoși, chiar infatuați, recunoaștem în sinea noastră că ne obosește compania multor semeni. Ei sunt factorii perturbatori, oamenii–bruiaj care se întâmplă să nu fie de acord cu noi. Ne incomodează pentru simplul fapt că ne confruntă cu alte moduri de a raționa și ne obligă să gândim flexibil, să ne punem mintea la contribuție. În ultimă instanță consumăm energie pe care am prefera să o economisim, din spirit de conservare.

Când dăm de câte unii care nu se simt bine când sunt singuri sau, mai grav, care se simt rău în compania propriei lor persoane, îi suspectăm prompt de dereglări mentale sau de frustrări ascunse. E un paradox că există și astfel de oameni, chiar dacă ne vine greu să pricepem cum au ajuns în atare situație; oameni care nu se înțeleg cu ei înșiși. Au ei oare puterea asta magică pe o au oamenii de știință când se ridică deasupra Căii Lactee și bagă un ochi să vadă dacă mai e totul la locul lui? E ceva stricat înăuntru, un scripete care nu transmite impulsul nealterat al armoniei cu propriile calități și defecte, la oamenii care se tem să rămână singuri pentru o clipă?

Paradoxul propriei noastre limitări ascunde un pericol mare: acela de a ne decreta centrul universului și a ne izola într-o lume a noastră, în care totul merge perfect. Egocentrismul rezultat dintr-o astfel de poziție poate lua și forme de grup. Nu e străin de cauză cazul americanilor, care recunosc ei înșiși în propriile lor manuale de Organizational Behaviour că suferă de etnocentrism, extrapolând valorile democraţiei unionale la rang de reţetă universală, valabilă pentru orice popor din lume. La fel sloganul periculos „cine nu e cu noi e împotriva noastră", care a adus atâta suferinţă sub regimul comunist şi continuă să se perpetueze în absurdul război sfânt al fundamentaliştilor religioşi.

În acest context, o vedere de sus şi din profil a Căii Lactee nu poate decât să ne trezească la realitate şi să ne amintească sub forma unui reconfortant duş rece că ni s-a acordat marea şansă, luxul şi privilegiul de a fi din când în când... mici. Vorba lui Forrest Gump: „as stupid as a fool can be."

Să ne bucurăm aşadar că, în urma unor cercetări fondate, oamenii de ştiinţă au ajuns la o concluzie pe care deja o cunoşteam cu toţii sub forma unei înţelepciuni din popor: până şi cel mai inteligent om din lume experimentează cinci minute pe zi în care e prost în toată regula, la grămadă, care va să zică cu carul (Carul Mare? Carul Mic? Andromeda?). Noroc ca specialiştii nu au găsit calea de a afla exact când anume în decursul zilei apare breşa asta binefăcătoare, ca o baie de vid! Câtă vreme rămâne nesondat misterul celor cinci minute, putem recurge oricând la scuza: „pardon amice, tocmai am avut lapsusul acela, ştii Dumneata, «midday crisis».."

Să zicem mersi şi să fim fericiţi că trece. Bogdaproste!

CUPRINS

Spune şi tu

de ce oare

în octombrie

se poate emigra din cauză că plouă?

Conform proporţiilor corpului uman,

- nu degeaba sunt ele la plural -

nu numai românul itinerant

are capul pe umeri.

Pun pariu că, deşi nu ne cunoaştem,

când vin vremurile grele,

ne bucurăm toţi la fel

dacă ne întâmpină cineva cu mottoul

„Bine ai venit printre noi!"

Pe bune, la sincer vorbind,

e cineva printre noi care nu

profită de orele de singurătate?

Cum adică „vârstă critică"?

Mai nou, de când cu globalizarea

poate m-am transformat

fără să bag de seamă,

ca tot românul stabilit în străinătate,

într-un articol ştiinţific.

Tipărită în România
2007

Editura **ANAMAROL**

www.ingramcontent.com/pod-product-compliance
Lightning Source LLC
Chambersburg PA
CBHW071324130626
46556CB00004B/1729